Halal und Haram

Erlaubtes und Verbotenes im Islam

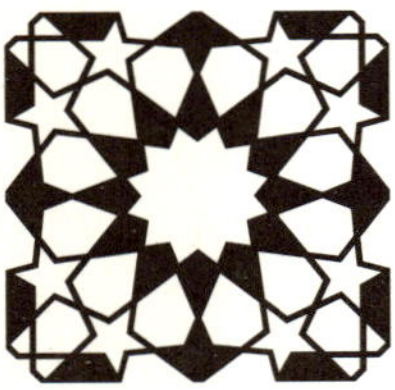

بسم الله الرحمن الرحيم

Halal und Haram

Erlaubtes und Verbotenes im Islam

Aus dem Original von:

Hasip Asutay

SEMERKAND

Halal und Haram

Erlaubtes und Verbotenes im Islam

info@erolmedien.de

ISBN: 978-3-95707-005-0

Autor: Hasip Asutay
Übersetzt aus dem Original
(Helal ve Haram)

Lektorat, Satz und Gestaltung: Erol Medien GmbH

Erstauflage 2013

Druck:
Pasifik Ofset
İstanbul 2013

Titelbild: istockphoto.com, Row of apples © avi11

EROL MEDIEN

Erol Medien GmbH
Kölner Str. 256
51149 Köln

Tel: +49 (0) 2203/ 36 94 90
Fax: +49 (0) 2203/ 3 694 910

E-Mail: info@erolmedien.de
Web: www.erolmedien.de
www.semerkandonline.de

Inhalt

Die Schlachtung und der Verzehr von Tieren

Rauschmittel

Notsituationen

Luxus

Sport und Spiel

Bildnisse

Körperpflege

Der Intimbereich/Schambereich *(Awreh)*

Fruchtbarkeit und Verhütung

Unzucht

Leben und Tod

Besitz und Erwerb

Familie und Haushalt

Magie und Aberglaube

Soziales

Besondere Tage der Frau

Heirat

***Halal* und *Haram* im Geschäftsleben**

Geld

Fragen und Antworten zu verschiedenen Themen

Vorwort des Autors

Um ein gottgefälliges Leben führen zu können, muss man sich an die Regeln Allahs des Erhabenen halten. Dies ist nur dann möglich, wenn man zwischen erlaubten (*halal*) und verbotenen (*haram*) Dingen und Handlungen unterscheiden kann. Gerade in unserer modernen westlichen Welt sind aber die Grenzen des Erlaubten und Verbotenen immer schwerer zu auseinanderzuhalten, vieles verschwimmt und es wird immer schwieriger, zu erkennen, welche Dinge und Handlungen erlaubt und welche verboten sind. Aus diesem Grunde haben wir dieses kleine Buch verfasst. Es soll dem Gläubigen in seinem Alltag eine Hilfestellung dabei geben, die Grenzen Allahs des Erhabenen nicht zu überschreiten.

Wie in allen unseren Werken basieren unsere Rechtsurteile auf der hanefitischen Rechtsschule.

Nur wenn wichtige Unterschiede in den Ansichten vorkommen, haben wir die Rechtsurteile der schafi'itischen Rechtsschule in den Fußnoten wiedergegeben. In manchen Fällen, wo es uns wichtig erschien, haben wir auch die Ansichten der malikitischen und der hanbelitischen Rechtsschule in der Fußnote vermerkt.

Trotz unserer Bemühungen können wir Fehler gemacht oder wichtige Aspekte außer Acht gelassen haben. Deshalb freuen wir uns über konstruktive Kritik an unserer Arbeit und werden diese gegebenenfalls in den nächsten Ausgaben berücksichtigen.

Aller Erfolg kommt von Allah.

Hasip Asutay

Anmerkungen des Übersetzungsteams:

- Die Wiedergabe der in diesem Buch zitierten Hadithe und Ayets erfolgte sinngemäß.
- Wenn zwei unterschiedliche Rechtsurteile der Gelehrten in diesem Buch gegenübergestellt werden, ohne dass danach eine Wertung vorgenommen wird (wie z.B. die Wertung „die *Fetwa* wird nach Imam Ebu Yusuf ausgesprochen"), dann hat der Leser die freie Auswahl zwischen diesen.
- Ist in den Fußnoten die ursprüngliche türkische Schreibweise der Quellen beibehalten worden, so sind diese aus dem Original übernommen. Fußnoten, in denen die Quellen in der europäischen Transliterationsschrift des Arabischen wiedergegeben sind, sind Ergänzungen des Übersetzungsteams

Definition wichtiger Begriffe

- ***Haram***

Der Begriff „haram" bedeutet in etwa: „Verbot, Sünde". *Haram* sind all jene Worte, Taten und Dinge, deren Unterlassung der Gesetzgeber (Allah) aufgrund eines eindeutigen und unveränderbaren Hinweises aus dem Edlen Quran oder aus mehreren parallel verlaufenden Überlieferungsketten (*Hadith mutewatir*) authentischer *Sunneh* verpflichtend festgelegt hat. Beispiel: Unzucht und der Genuss berauschender Getränke.

Wer verbotene Handlungen ausführt, wird dafür im Jenseits bestraft, wenn er dies nicht aufrichtig bereut oder Allah der Erhabene ihm nicht verzeiht. Hingegen wird jemand, der die Verbote Allahs nicht überschreitet, dafür belohnt. Wer das Verbot von Handlungen, die eindeutig *haram* sind, verleugnet, wird dadurch zum Ungläubigen.

- ***Haram li aynihi***

„Haram li aynihi" bedeutet: „unmittelbares Verbot, etwas an sich Verbotenes". Dinge, die *haram li aynihi* sind, sind grundsätzlich verboten, denn die Ursache des Verbots ist in der Sache selbst begründet. So ist der Verzehr von Blut, Schweinefleisch oder Wein von Allah dem Erhabenen im Edlen Quran strikt untersagt worden. Wer Dinge für erlaubt erklärt, die *haram li aynihi* sind, wird dadurch zum Ungläubigen.

- ***Haram li ghayrihi***

„Haram li ghayrihi" bedeutet: „Mittelbares Verbot; unter bestimmten Umständen Verbotenes". Dinge die *haram li ghayrihi* sind, sind grundsätzlich erlaubt. Erst das Wirken besonderer Umstände führt zu ihrem Verbot. So ist beispielsweise der Geschlechtsverkehr mit der eigenen Ehefrau grundsätzlich erlaubt. Erst die Monatsblutung der Frau führt zu einem (vorübergehenden) Verbot des Geschlechtsverkehrs mit ihr.

- ***Mekruh***

„Mekruh" bedeutet: „Verabscheut, verhasst, widerwärtig, verwerflich; Widerwärtigkeit, Abscheulichkeit". Mit *mekruh* werden verwerfliche Taten oder Worte bezeichnet. Das islamische Recht unterscheidet zwischen *mekruh tahrimen* und *mekruh tenzihen.*

- ***Mekruh tahrimen***

„Mekruh tahrimen" bedeutet: „Verbotene Abscheulichkeit, Verwerflichkeit, Widerwärtigkeit". Nach der Definition der islamischen Rechtsgelehrten ist mit *mekruh tahrimen* eine verwerfliche Angelegenheit gemeint, die dem Verbot sehr nahe kommt. Der Unterschied zwischen *haram* und *mekruh tahrimen* besteht lediglich darin, dass ersteres durch einen unumstößlichen Beweis aus dem Edlen Quran oder der *Sunneh* eindeutig verboten wurde, während letzteres mittels eines nicht eindeutigen und unveränderbaren Hinweises aus dem Edlen Quran oder anhand von nicht mehreren parallel laufenden Überlieferungsketten, sondern nur in einzelnen Ketten überlieferter authentischer *Sunneh* belegt wird (*Hadith ahad*). Bei *mekruh tahrimen* bleibt also noch ein kleiner Interpretationsspielraum, da der Quranvers, der als Beweis für das Urteil herangezogen wurde, theoretisch auch anders ausgelegt werden könnte oder weil die *Hadith*, die als Beleg für das Urteil dient, nicht ganz so stark überliefert ist wie eine *Hadith mutewatir*.

Die göttliche Bestrafung für die Ausführung einer Tat, die als *mekruh tahrimen* eingestuft wird, ist dieselbe wie für eine Tat, die als *haram* eingestuft wird. Wer aber leugnet, dass etwas *mekruh tahrimen* ist, wird – aus den oben genannten Gründen – dadurch nicht zum Ungläubigen.

- ***Mekruh tenzihen***

„Mekruh tenzihen“ bedeutet: „Das Sichfernhalten von einer Verwerflichkeit, Abscheulichkeit“. Wird eine Tat als *mekruh tenzihen* eingestuft, so bedeutet dies, dass diese Tat zwar nicht gern gesehen ist, aber vom Gesetzgeber (Allah) geduldet wird. So wird man von Allah dem Erhabenen für solch eine Tat weder bestraft noch getadelt. Trotzdem ist es besser, *Mekruh tenzihen* zu meiden, denn man handelt sonst entgegen dem Besseren und Vorzüglicheren.

- ***Halal***

„Halal“ bedeutet: „Erlaubtes, Zulässiges; gesetzmäßig, legitim“. Der Begriff *halal* bezeichnet all das, was nach islamischem Recht erlaubt ist. Vieles wurde explizit von Allah dem Erhabenen im Edlen Quran oder vom Gesandten Allahs (s.a.w.s.) erlaubt. Im Übrigen gilt der alte Rechtsgrundsatz: Das Schweigen des Gesetzes legitimiert die Tat.

Wer Taten verbietet, die eindeutig *halal* sind, wird dadurch zum Ungläubigen.

Grundsätzliche Überlegungen zu *halal* und *haram*

Bevor wir mit dem praktischen Teil dieses Buches beginnen, wollen wir ein paar grundsätzliche Überlegungen zum Thema *halal* und *haram* anstellen:

1. Rechtsgrundsatz: Alles was nicht verboten ist, ist grundsätzlich erlaubt

- Grundsätzlich sind alle Dinge erlaubt. Erst wenn der Gesetzgeber (Allah) ein Verbot bezüglich einer Sache oder eines Sachverhalts ausgesprochen hat, sind diese untersagt. So gilt also auch im Islam der alte Rechtsgrundsatz: „Erlaubt ist alles, wozu die Gesetze schweigen." Die islamischen Gelehrten leiten diesen Grundsatz aus den folgenden zwei Quranversen her:

„Er ist es, Der alles auf Erden für euch erschaffen hat."[1]

„Er hat das für euch dienstbar gemacht, was in den Himmeln und auf Erden ist; alles ist von Ihm" [2]

1) Einzig und allein Allah der Erhabene entscheidet darüber, was *halal* und was *haram* ist

- Nach islamischer Rechtsauffassung ist einzig und allein Allah der Erhabene dazu berechtigt, etwas für *halal* oder *haram* zu erklären. Unabhängig von seiner gesellschaftlichen Stellung oder Funktion hat kein Mensch das Recht, eigenständig etwas als *halal* oder *haram* zu bezeichnen.

---

1 El-Baqarah, Vers 29.
2 El-Ghathiyeh, 13.

Dass der Prophet (s.a.w.s.) einige Dinge erlaubte und andere verbot, geschah nach dem Willen Allahs des Erhabenen.

Im Edlen Quran heißt es dazu:

„Er (der Prophet) gebietet ihnen das Rechte und verbietet ihnen das Unrechte, und erlaubt ihnen das Gute und verwehrt ihnen das Schlechte.“[3]

2) Der Muslim ist nicht auf Verbotenes angewiesen, denn es gibt genug Erlaubtes

- Das was im Islam verboten ist, ist entweder im Ganzen schädlich oder der Schaden, der mit dem Gebrauch einer Sache einhergeht, ist größer als dessen Nutzen. Im Islam ist vieles erlaubt, niemand ist auf Verbotenes angewiesen. So ist beispielsweise Zins verboten, der Handel aber erlaubt; Unzucht verboten, die Ehe aber erlaubt; unreine und schädliche Lebensmittel sind verboten, reine und gesundheitlich unbedenkliche Lebensmittel aber erlaubt.

3) Alles was zu *haram* führt ist ebenfalls *haram*

- Im Islam sind nicht nur die verbotenen Handlungen selbst verboten, sondern auch alles, was zu verbotenen Handlungen führen könnte. So ist beispielsweise nicht nur die Unzucht selbst verboten, sondern auch alle Handlungen, die zur Unzucht führen können, wie Nacktheit in der Öffentlichkeit, aufreizende Bilder oder verführerischer Gesang. Frauen und Männer, die weder in einem nahen Verwandtschaftsverhältnis zueinander stehen (*Mahram*), noch verheiratet sind, dürfen sich weder zur Begrüßung die

---

3 El-E´raf, Vers 157. Die *Sunneh* des Gesandten Allahs (s.a.w.s.) entsprang weder Willkürentscheidungen noch irgendwelchen Launen des Gesandten (s.a.w.s.), sondern ist der Wille Allahs. Beweis: ***„Euer Gefährte (Muhammed) irrt nicht und wurde nicht getäuscht. Noch spricht er aus eigenem Antrieb.“*** (En-Nedschm, Vers 2f).

Hand geben, noch dürfen sie sich – ohne die Anwesenheit Dritter – gemeinsam in einem Raum aufhalten, weil solche Handlungen zu Unzucht führen könnten.[4]

4) Haram* bleibt *haram

- Oftmals wird Etikettenschwindel mit Dingen betrieben, die *haram* sind: Man benennt Dinge einfach um und verschleiert dadurch, dass sie verboten sind. Beispiele: Zins nennt man Gewinn, Pornographie nennt man Kunst, Bestechung nennt man eine kleine Aufmerksamkeit. Schon der Prophet (s.a.w.s.) hat hierauf in einer *Hadith*[5] *aufmerksam gemacht:*

„Sie [Leute aus meiner Ummeh] werden ihn (den Alkohol) bei einem anderen Namen nennen und ihn dann für erlaubt erklären."[6]

5) Auch ein noch so guter Vorsatz rechtfertigt nicht die verbotene Tat

- Im Islam wird großer Wert auf die Absicht gelegt, die ein Gläubiger fasst, bevor er mit einer Handlung beginnt. Dazu sagte der Gesandte (s.a.w.s.):

„Jede Handlung wird nach ihrer Absicht (beurteilt)".[7]

---

4 Das Motto lautet also: „Wehret den Anfängen!" Diese Regeln werden von manchen Islamkritikern ins Lächerliche gezogen. Wenn man aber die Realität betrachtet, sieht man, dass diese Vorsichtsmaßnahmen – auch im Arbeitsleben – mehr als berechtigt sind.

5 *Hadith,* Pl. *Ehadith*: „Bericht, Erzählung, Tradition, Überlieferung". Fachspezifisch: All das, was dem Gesandten (s.a.w.s.) an Worten, Taten, schweigsamer Billigung *(Teqrir)*, physischen Merkmalen und Charaktereigenschaften zugeschrieben wird.

6 Vgl. Fethul Bari Scherhu Sahihul Bukhari: Kitabul Eschrabeh: „Ma dscha'e fimen yestehillu el-Khamr we yusemmihi bi ghayri Ismihi". Dieser Ausspruch des Gesandten (s.a.w.s.) bewahrheitete sich noch zu Lebzeiten unserer Mutter Aischa (r.a.), als die Leute in Syrien Alkohol tranken und diesen als Fruchtsirup *(Tileh)* bezeichneten (Vgl. ebd.).

7 Bukhari: Iman, Nr. 54.

- Aber auch der gute Vorsatz zu einer Handlung ändert nichts daran, dass eine verbotene Sache verboten ist. Beispiel: Glücksspiel ist im islamischen Recht auch dann nicht erlaubt, wenn man beabsichtigt, den Gewinn daraus für den Bau einer Moschee oder für die Unterstützung Bedürftiger zu verwenden.

6) Man sollte sich unbedingt von zweifelhaften Dingen fernhalten

- Was im Islam als *halal* oder *haram* eingestuft wird, ist klar definiert. Dazwischen gibt es aber eine Grauzone, also Dinge oder Handlungen, bei denen viele sich nicht sicher sind, ob sie erlaubt oder verboten sind. Der fromme Muslim sollte sich auch von diesen Dingen fernhalten. Der Gesandte Allahs (s.a.w.s.) sagte dazu Folgendes:

„Das Erlaubte wurde eindeutig dargelegt und das Verbotene wurde eindeutig dargelegt. Dazwischen (liegen) die zweifelhaften Dinge. Den meisten Menschen ist [deren religiöse Wertung] nicht bekannt. Wer vor dem Zweifelhaften zurückschreckt, bewahrt seinen Glauben und seine Ehre. Wer sich (aber) auf das Zweifelhafte einlässt, lässt sich (auch) auf das Verbotene ein. (Er ist) wie der Schäfer, der (seine Tiere) um den geschützten Bezirk herum weidet. Es fehlt wenig daran, dass er (seine Tiere) im heiligen Bezirk grasen lässt. Wahrlich, jeder Herrscher hat seinen heiligen Bezirk! Wahrlich, der heilige Bezirk Allahs besteht aus Seinen Verboten!“[8]

7) Not rechtfertigt die Überschreitung des Gebots

- Im Islam gibt es nur eine überschaubare Anzahl von Verboten. Dennoch ist es erlaubt, die Grenzen der Verbote im Notfall zu überschreiten. Allah der Erhabene belastet

8 Muslim: Musaqah, Nr. 1599.

seine Diener nicht über Gebühr. Er gestattet es dem in Not Geratenen, Dinge, die ihm in normalen Zeiten verboten sind, zu essen, zu trinken oder anderweitig zu nutzen. Nachdem Allah der Erhabene in einem Quranvers den Genuss bestimmter Speisen für *haram* erklärt, fährt er fort und sagt:

„Wenn aber jemand (dazu) gezwungen ist, ohne (es) zu begehren und ohne das Maß zu überschreiten, so trifft ihn keine Schuld; wahrlich, Allah ist Allverzeihend, Barmherzig.“[9]

Wann das Aufsagen der Besmeleh vor einer verbotenen Handlung zum Abfall vom Glauben führt

Spricht jemand die *Besmeleh* vor einer verbotenen Handlung mit der Absicht der Geringschätzung der Ge- und Verbote Allahs, dann fällt er dadurch vom Glauben ab. Spricht aber jemand die *Besmeleh* vor einer verbotenen Handlung, weil er es gewohnt ist, jede Handlung mit der *Besmeleh* zu beginnen, so fällt er dadurch nicht vom Glauben ab.[10]

---

9 El-Baqarah 173.

10 Tahtawi, S. 4.

Die Schlachtung und der Verzehr von Tieren

Landtiere

Landtiere, deren Fleisch verzehrt werden darf

Die Landtiere, deren Fleisch verzehrt werden darf, werden in vier Gruppen unterteilt:

2. Nutztiere, wie Rind, Büffel, Schaf, Ziege, Kamel, Esel[11], Huhn, Gans, Ente und Pute.
3. Wildtiere, wie Reh, Hirsch, Wildrind, Gazelle, Bergziege, Hase, Zebra und Giraffe.[12]
4. Vögel, die keine Raubvögel sind, wie Spatz, Taube, Wachtel, Star, Schwalbe, Pfau, Wiedehopf[13] und Papagei.[14]
5. Heuschrecken. Durch die *Sunneh* ist es eindeutig belegt, dass der Verzehr von Heuschrecken erlaubt ist.[15]

---

11 Der Verzehr von Wildeseln ist erlaubt, der Verzehr von Hauseseln nicht (Vgl. Reddul Muhtar, Band 9, Seite 508).

12 Nach der vorgezogenen Meinung der schafi'itischen Rechtsschule ist das Fleisch von Giraffen *haram*.

13 Der Verzehr des Wiedehopfs ist *mekruh tahrimen*, (Vgl. Reddul Muhtar, Band 9, Seite 510) .

14 Nach Ansicht der schafi'itischen Gelehrten ist das Fleisch von Fledermaus, Schwalbe, Pfau, Wiedehopf und Papagei *haram* (Vgl. Reddul Muhtar, Band 9, Seite 511).

15 Selbst wenn die Heuschrecke schon tot aufgefunden wird, darf sie verspeist werden (Vgl. Reddul Muhtar, Band 9, Seite 512).

Landtiere, deren Fleisch nicht verzehrt werden darf

Die Landtiere, deren Fleisch nicht verzehrt werden darf, werden ebenfalls in vier Gruppen unterteilt:

1. Schweine, Kadaver[16] und Tiere, die nicht im Namen Allahs, sondern im Namen anderer „Gottheiten" geschlachtet wurden. Dies wurde von Allah dem Erhabenen im Edlen Quran eindeutig verboten[17].
2. Tiere, die ihre Beute mit ihren Reißzähnen erlegen, wie Wolf, Bär, Löwe, Tiger, Leopard, Zobel, Marder, Affe, Fuchs, Hyäne, Katze, Hund[18] oder Wiesel.[19]
3. Vögel, die ihre Beute mit ihren Krallen erlegen, wie Geier, Bussard, Adler, Möwe, Gabelweihe, Reiher, Kolkrabe, Krähe, Dohle, Elster, Rabe, Habicht oder Schmutzgeier.[20] Das Fleisch von Vögeln, die Krallen besitzen, aber ihre Beute nicht mit diesen erlegen, ist zum Verzehr geeignet. Ein Beispiel dafür ist die Taube.
4. Tiere, die von Natur aus Ekel hervorrufen[21], wie Maus, Schlange, Schildkröte, alle Arten von Echsen, Maulwurf,

---

16 Mit Kadaver sind hier Tiere gemeint, die entweder von selbst verstorben sind oder nicht nach den islamischen Regeln geschlachtet wurden.

17 Vgl. El-Baqarah 173.

18 Nach Ansicht der schafi'itischen Gelehrten wird auch das Leder von Hunden durch die Gerbung nicht rein, denn der Hund ist in der schafi'itischen Rechtsschule *nedschisul ayn* (d.h. dass alle Teile des Hundes, einschließlich seines Speichels, als stark schmutzig gelten; in der hanefitischen Rechtsschule hingegen ist nur der Speichel des Hundes unrein).

19 In der schafi'itischen Rechtsschule ist der Verzehr von Fuchsfleisch erlaubt.

20 In der schafi'itischen Rechtsschule ist der Verzehr von Möwen und Reihern erlaubt.

21 El-Ikhtiyar, 5/13.

Igel[22], Fledermaus[23], Skorpion, Zecke, Biene, Fliege, Floh und Laus.

Pferdefleisch

Pferdefleisch ist nach Imam Hanifeh (r.a.) *mekruh tahrimen*, nach Imam Ebu Yusuf (rah.) und Imam Muhammed (rah.) *mekruh tenzihen.*[24]

Leder und Fell von verendeten oder nicht nach islamischen Vorschriften geschlachteten Tieren

Da das Leder von verendeten oder nicht nach islamischen Vorschriften geschlachteten Tieren[25] unrein ist, darf dies erst verwendet werden, nachdem es gegerbt wurde.

Federn, Haare, Knochen[26], Hufe und Hörner verendeter oder nicht nach islamischen Vorschriften geschlachteter Tiere dürfen

---

22 In der schafi'itischen Rechtsschule ist der Verzehr von Igeln erlaubt.

23 Es besteht Meinungsverschiedenheit unter den Gelehrten, ob der Verzehr der Fledermaus erlaubt oder *mekruh tahrimen* ist.

24 Reddul Muhtar, 6/305. Es heißt, dass Imam Hanifeh drei Tage vor seinem Tode von seinem Urteil abgerückt ist und sich der Meinung seiner Schüler, dass der Verzehr von Pferdefleisch nur *mekruh tenzihen* ist, angeschlossen hat. Deshalb wird die *Fetwa* nach Ebu Yusuf und Imam Muhammed ausgesprochen. (Vgl. Reddul Muhtar, Band 9, Seite 508)
Nach Ansicht der schafi'itischen Gelehrten ist der Verzehr von Pferdefleisch ebenfalls *mekruh tenzihen*.

25 Mit toten Tieren sind hier Tiere gemeint, die von selbst verendet sind oder nicht im Namen Allahs geschlachtet wurden, egal ob ihr Verzehr erlaubt ist oder nicht (Vgl. Tahtawi, Band 1, Seite 237).

26 Ausgenommen sind hier Knochen, an denen noch Fettgewebe haftet. Hier muss erst das Fettgewebe entfernt werden, bevor diese als rein

jedoch verwendet werden, da sie als rein gelten, weil in ihnen kein Blut geflossen ist.[27]

Leder von Hund und Schwein

Das Leder von Hunden wird durch die Gerbung rein, das Leder von Schweinen jedoch nicht.[28]

Meerestiere

Von allen Tierarten, die im Meer leben, ist nur der Verzehr von Fischen erlaubt. Davon ausgenommen sind Fische, die verendet sind und auf der Wasseroberfläche treiben. Diese dürfen nicht verzehrt werden. Fische, die zugrunde gingen, weil das Wasser zu warm oder zu kalt gewesen ist oder weil sie zwischen Eisschichten eingeklemmt wurden, dürfen verzehrt werden. Ebenso dürfen Fische verzehrt werden, die verendet sind, weil sie unter dem Eis eingeschlossen wurden, oder weil sich das Wasser, in dem sie lebten, zurückgezogen hat. In all diesen Fällen gelten die Fische als nicht von selbst verendet und dürfen daher gegessen werden. Fische brauchen nicht geschächtet zu werden, damit ihr Verzehr erlaubt ist, auch das Aussprechen des Namens Allahs ist beim Fang oder der Schlachtung von Fischen nicht erforderlich.[29]

---

gelten (Vgl. Tahtawi, Band 1, Seite 238).

27 Durer, 1/24. Nach Ansicht der schafi'itischen Gelehrten gelten Federn, Knochen, Hörner etc. von toten Tieren als unrein und dürfen deshalb nicht verwendet werden.

28 Beim Schwein sind alle Teile *nedschisul ayn*, beim Hund nur der Speichel (Vgl. Fußnote 17).

29 Medschme'ul Enhur , 2/514.

Meerestiere, die nicht zu den Fischen zählen, wie z.B. Muscheln, Tintenfische oder Hummer, dürfen nicht verzehrt werden.[30]

Das Schächten von Tieren

Beim Schächten eines Kamels ist es *Sunneh*, dass das Messer zwischen Hals und Brustansatz angesetzt wird.[31] Bei allen anderen Tieren wird die Kehle durchschnitten. Es ist außerdem *Sunneh*, dass man Kamele im Stehen, Schafe und Kühe hingegen im Liegen schlachtet.[32]

Die Bedingungen des Schächtens

Folgende Bedingungen müssen beim Schächten eingehalten werden:

1. Der Schlachter muss Muslim oder Schriftbesitzer sein.[33] Dabei sind Alter und Geschlecht des Schlachters irrelevant. Er muss lediglich soweit bei Verstand sein, dass er begreift, was es bedeutet, ein Tier im Namen Allahs zu schlachten.

---

30 Nach Ansicht der schafi'itischen Gelehrten dürfen Meerestiere, die außerhalb des Wassers nicht überlebensfähig sind, verzehrt werden. Meerestiere, die sowohl im Wasser, als auch außerhalb des Wassers überleben können, dürfen nicht gegessen werden. Daher ist es erlaubt, alle Fische – auch solche, die von selbst verendet sind – zu essen. Genauso dürfen Muscheln, Austern und Hummer gegessen werden. Der Verzehr von Schildkröten, Krebsen und Fröschen ist hingegen nicht erlaubt.

31 Dies ist bei allen Tieren der Fall, die einen langen Hals haben, wie beispielsweise dem Strauß und der Gans (Vgl. Reddul Muhtar, Band 9, Seite 505).

32 Vgl. Reddul Muhtar, Band 9, Seite 505. Es ist *mekruh tenzihe*n, dies nicht zu tun (Vgl. ebd.).

33 „Schriftbesitzer" oder „Angehörige der Schrift" = Juden und Christen.

2. Beim Schlachten des Tieres muss die *Besmeleh*[34] *ausgesprochen werden. Wird die Besmeleh* absichtlich weggelassen, darf das Fleisch des Tieres nicht verzehrt werden. Wurde das Aussprechen der *Besmeleh* hingegen vergessen, so darf das Fleisch des geschlachteten Tieres verzehrt werden.[35]
3. Die Kehle des Tiers muss beim Schächten durchtrennt werden. Die Kehle besteht aus vier Kanälen: Der Speiseröhre, der Luftröhre und den beiden Hauptschlagadern. Nach Imam Hanifeh (r.a.) müssen drei dieser Kanäle durchtrennt werden. Nach Imam Ebu Yusuf (rah.) ist es ausreichend, wenn lediglich die Speiseröhre, die Luftröhre und eine der Hauptschlagadern zum größten Teil durchtrennt werden, während nach Imam Muhammed (rah.) der größte Teil eines jeden der vier Kanäle durchtrennt werden muss.[36]

Kann ein Tier – wegen besonderer Umstände – nicht ordnungsgemäß geschlachtet werden, weil es beispielsweise in einen Schacht gefallenen ist und nicht mehr daraus befreit werden kann oder weil sich ein entlaufenes Tier nicht einfangen lässt, dann reicht es aus, dem Tier eine tödliche Schnittverletzung zuzufügen, bei der Blut fließt.

---

34 *Dies ist die Kurzform von* بِسْمِ اللهِ الرَّحْمَنِ الرَّحِيمِ. Zu Deutsch: „Mit dem Namen Allahs, des Erbarmers, des Barmherzigen."

35 Nach Ansicht der schafi'itischen Gelehrten ist das Aussprechen der *Besmeleh* eine *Sunneh*.

36 Fethul Kadir, 8/407; Durer, 1/277. Nach Ansicht der schafi'itischen Gelehrten müssen mindestens die Speiseröhre und die Luftröhre durchtrennt werden. Das Durchtrennen der Hauptschlagadern ist *Sunneh*. Außerdem muss beim Schlachten mindestens der oberste Knorpel der Speiseröhre am Kopf verbleiben.

Tierföten: Ungeborenes Leben im Leib eines geschlachteten Muttertieres

Wenn feststeht, dass ein Tierfötus bereits im Mutterleib verstorben ist, bevor das Muttertier geschlachtet wurde, so darf der Fötus nicht verzehrt werden. Starb er aber infolge der Schlachtung des Muttertieres, ist sein Verzehr nach Ansicht von Imam Ebu Yusuf (rah.) und Imam Muhammed (rah.) erlaubt, nach Imam Hanifeh (r.a.) jedoch nicht.[37]

Teile des geschlachteten Tiers, die nicht verzehrt werden dürfen

Folgende Teile eines geschlachteten Tieres dürfen nicht verzehrt werden[38]:

1. Fließendes Blut
2. Männliche Genitalien
3. Weibliche Genitalien
4. Hoden
5. Harnblase
6. Drüsen
7. Gallenblase

37 El-Ikhtiyar, 5/13. Laut schafi'itischer Rechtsschule darf ein solcher Fötus ebenfalls verzehrt werden.

38 El-Fiqhul Islami, 3/667. Der Verzehr von Blut ist *haram*, der Verzehr der übrigen angegebenen Organe ist *mekruh tahrimen*.

Die Jagd

Folgende Voraussetzungen müssen allesamt erfüllt sein, damit ein auf der Jagd erlegtes Tier von Muslimen verzehrt werden darf:

1. Der Jäger muss Muslim oder Schriftbesitzer sein.
2. Das Jagdwild muss wildlebend sein, darf also weder ein gezähmtes Tier noch ein Haustier sein.
3. Es darf keine andere Möglichkeit geben, als das Tier durch Jagd zu erlegen[39]. Wurde ein Tier angeschossen, so muss man ihm sofort nacheilen. Dabei darf keine Verzögerung stattfinden. Findet man das Tier bei der Nachsuche lebend auf, so muss man es sofort und regelgerecht schlachten[40].
4. Die Jagd muss mit Hieb-, Stich- oder Schusswaffen, wie Schwert, Speer, Pfeil und Bogen, Schrotflinte, Gewehr oder Pistole erfolgen[41]. Ebenfalls erlaubt ist es, wenn ein Wild von einem speziell zur Jagd ausgebildeten Tier wie Jagdhund, Jagdfalke, Habicht oder Adler, zur Strecke gebracht wird.
   Tiere, die mit Steinen oder Stöcken getötet wurden, dürfen nicht verzehrt werden.

---

39 Man darf also ein Haustier nicht auf der Weide erschießen, sondern es muss nach den islamischen Regeln geschlachtet werden. Ist aber ein Haustier verwildert und lässt es sich nicht einfangen, so darf man es erschießen.

40 Hat man das Tier lebend aufgefunden und wartet dann solange ab, bis es an seinen Verletzungen von selbst verstirbt, so darf das Fleisch des Tieres nicht verzehrt werden, da man die Möglichkeit gehabt hätte, es zu schlachten, bevor es verstarb. Findet man das Tier aber erst, nachdem es an seinen Verletzungen verendet ist, darf das Fleisch des Tieres verzehrt werden.

41 Beim Töten des Tieres muss außerdem Blut geflossen sein. Wird ein Tier beispielsweise von einem Speer erschlagen, ohne dass dabei Blut geflossen ist, so darf das Fleisch des Tieres nicht verzehrt werden.

5. Der Jäger muss vor dem Abfeuern der Jagdwaffe oder dem Losschicken eines abgerichteten Tieres die *Besmeleh* aussprechen. Wurde die *Besmeleh* in der Aufregung vergessen, so darf das Tier aber dennoch verzehrt werden[42].

Das Fleisch eines Tieres, das vom Jäger nicht verletzt, sondern ertränkt oder erwürgt wurde, darf nicht verzehrt werden.[43]

Das Brandmarken von Tieren

Grundsätzlich gilt: Alle Tiere müssen gut behandelt werden und dürfen nicht gequält werden. Tiere dürfen nur gebrandmarkt werden, wenn es keine andere Möglichkeit gibt, sie von den Tieren anderer Herden unterscheiden zu können.[44]

---

42 Wenn die *Besmeleh* aber absichtlich weggelassen wurde, gilt das Tier als Aas und darf also nicht verzehrt werden. Nach Ansicht der schafi'itischen Gelehrten ist das Aufsagen der *Besmeleh* eine *Sunneh*, das Fleisch des Tieres darf also auch verspeist werden, wenn die *Besmeleh* absichtlich weggelassen wurde.

43 El-Ikhtiyar, 5/4.

44 Hindiyye, 5/356.

Rauschmittel

Alkoholische Getränke

Alkohol wird schon seit Menschengedenken getrunken. Auch unter den Arabern war der Konsum von Alkohol zur Zeit der quranischen Offenbarung weit verbreitet.

Alkohol wurde den Muslimen verboten, weil diese ihren Körper und ihren Geist gesund und sich von allen Übeln fernhalten sollen, damit sie ihren inneren Frieden finden können. Im Edlen Quran heißt es dazu:

„O ihr, die ihr glaubt! Berauschendes, Glücksspiel, Opfersteine und Lospfeile sind ein Gräuel, Satans Werk. Meidet sie, auf dass es euch wohlergehe. Der Satan will durch Berauschendes und Glücksspiel zwischen euch nur Feindschaft und Hass säen, um euch vom Gedenken an Allah und vom Gebet abzuhalten. Wollt ihr (deshalb) nicht davon ablassen?"[45]

Der Prophet (s.a.w.s.) bringt dieses Verbot durch folgenden Ausspruch auf den Punkt:

„Alle berauschenden Getränke sind haram".[46]

Und in einer anderen Überlieferung heißt es:

„Alles Berauschende ist haram. Was in großen (Mengen) berauscht, ist auch in kleinen (Mengen) verboten."[47]

---

45 El-Ma'ideh, Vers 90f.

46 Muslim: Eschribeh, 2001.

47 Ibn Madscheh: Eschribeh, 3392. Was also in großen Mengen nicht

Dem Muslim ist nicht nur der Genuss alkoholischer Getränke verboten, sondern auch die Produktion von Alkohol und dessen Verkauf an Nichtmuslime. Deshalb darf ein Muslim weder in seinem eigenen Geschäft Alkohol verkaufen, noch darf er in einem Geschäft arbeiten, in dem Alkohol verkauft wird.

Der Prophet (s.a.w.s.) sagte dazu Folgendes:

„Verflucht wurde der Alkohol auf zehnfache Weise: Er selbst und der, der ihn produziert oder produzieren lässt, ihn verkauft oder kauft, ihn transportiert oder zu sich transportieren lässt, von seinem Erlös lebt, ihn trinkt oder ausschenkt.“[48]

In einer von Umer (r.a.) überlieferten Hadith sagte der Prophet (s.a.w.s.):

„Wer an Allah und den Jüngsten Tag glaubt, der setze sich an keinen Tisch, an dem der Alkohol kreist.“[49]

Vom Einkauf in Läden, in denen Alkohol verkauft wird

Darüber, ob der Einkauf in einem Laden, in dem Alkohol verkauft wird, erlaubt ist, entscheidet die Religion des Ladenbesitzers. Bei einem Nichtmuslim darf man jederzeit einkaufen, auch wenn er Alkohol verkauft, bei einem Muslim ist dies hingegen *mekruh*. Sollte man aber keine andere Möglichkeit haben, z.B. da sich kein anderes Geschäft in der Nähe befindet oder man auf

berauscht, ist auch in kleinen Mengen nicht verboten. Beispiel: Auch in Fruchtsäften ist eine geringe Menge Alkohol, trotzdem ist deren Genuss erlaubt.

48 Ibn Madscheh: Eschribeh, 3380.

49 Tirmidhi: Edeb, 2801.

der Durchreise ist, dann ist es erlaubt, auch bei einem Muslim einzukaufen, der Alkohol verkauft.

„Kölnisch Wasser“, alkoholhaltige Duftstoffe und Kosmetika

Ob Parfüm oder „Kölnisch Wasser“ (Eau de Cologne) islamrechtlich als rein oder unrein betrachtet werden, hängt davon ab, ob der Alkohol, der bei ihrer Herstellung verwendet wurde als rein oder unrein gilt. Nach Imam Hanifeh (r.a.) und Imam Ebu Yusuf (rah.) ist Alkohol der aus Trauben gewonnen wird unrein, Alkohol aus anderen Grundstoffen hingegen rein. Nach Imam Muhammed (rah.) ist jede Art von Alkohol unrein.[50]

Wird der alkoholische Grundstoff für Eau de Cologne oder Kosmetika nicht aus Trauben gewonnen, so sind diese nach Imam Hanifeh (r.a.) und Imam Ebu Yusuf (rah.) rein. Nach diesem Urteil wird heutzutage die *Fetwa* ausgesprochen.[51]

Der türkische Gelehrte Elmalılı Muhammed Hamdi Yazır[52] schrieb dazu Folgendes: „Wurde die Kleidung einer Person verunreinigt, weil jemand Wein, Champagner, Traubenschnaps

---

50 Nach der schafi'itischen Rechtsschule sind ebenfalls alle Arten von Alkohol unrein.

51 Der Kommentator rät zur Vorsicht beim Gebrauch alkoholhaltiger kosmetischer Substanzen. Generell wird Ethanol (Spiritus) zur Herstellung von Parfümen und Kosmetika verwendet. Ethanol wird aus vergorenen pflanzlichen Grundstoffen gewonnen, dazu zählen auch Wein und Weintrauben. So werden beispielsweise die Überschüsse der Weinproduktion der südeuropäischen Länder in Ethanol umgewandelt und teils als Biodiesel und teils als Industriealkohol (auch in der Kosmetikindustrie) verwendet.

52 Muhammed Hamdi Yazır (1878 -1942) war ein bedeutender türkischer Gelehrter, der unter anderem einen wichtigen Qurankommentar in türkischer Sprache verfasste.

oder Cognac darüber geschüttet hat, so muss er diese auswaschen, bevor er mit ihr beten darf. Alkoholika, die nicht aus Trauben gewonnen wurden, wie Fruchtschnäpse oder Bier, dürfen zwar nicht getrunken werden, sind aber kein Hindernis für das Gebet, wenn die Kleidung des Betenden damit in Berührung kam."[53]

Drogen

Drogen, wie Marihuana, Opium, Heroin, Kokain und synthetische Drogen, unterliegen im islamischen Recht dem gleichen Verbot wie berauschende Getränke. Begründung: der Schaden, der durch Drogenkonsum verursacht wird, ist nicht geringer als der Schaden, der durch Alkoholkonsum entsteht.

Der Drogenabhängige verliert das Verantwortungsgefühl gegenüber Familie, Verwandten und Nachbarn. Die Droge rückt in das Zentrum all seiner Aktivitäten und in seinem Bewusstsein verbleibt kein Platz mehr für Allah den Erhabenen oder Mitgefühl gegenüber seinen Mitmenschen. Um an Drogen zu kommen, belügt und betrügt er seine Familie, stiehlt, prostituiert sich oder begeht andere kriminelle Handlungen.

Deshalb wurden im Islam alle Arten von Drogen verboten, genauso wie deren Kauf und Verkauf.[54]

Das Rauchen von Zigaretten

Im islamischen Recht gibt es drei Ansichten zum Rauchen von Zigaretten:

---

53 Hak Dini Kur´an Dili, 1/762-763.

54 Reddul Muhtar, 6/458; Hukuki Islamiyye Kamusu, 3/251.

1. Erste Meinung: Da es keine prophetischen Überlieferungen und keine Quranverse zum Thema Rauchen gibt und dies daher nicht eindeutig verboten ist, ist es erlaubt. Denn alles, wozu das Gesetz schweigt, ist erlaubt.
2. Zweite Meinung: Dass das Zigarettenrauchen gesundheitsschädlich ist, ist erwiesen. Da aber die vorliegenden Quellen nach Einschätzung mancher Gelehrter für ein Verbot nicht ausreichen, werten diese das Rauchen daher als *mekruh*.
3. Dritte Meinung: Rauchen ist *haram*, weil es süchtig macht und dadurch die Gesundheit dauerhaft schädigt, außerdem Geldverschwendung ist und dadurch zur Verletzung der Unterhalspflicht gegenüber der Familie führt.[55]

55 Reddul Muhtar, 6/459.

Notsituationen

Hungersnot

- Alle zuvor aufgezählten Vorschriften gelten für Normalsituationen. Gerät man aber in eine Notsituation, so ist es erlaubt, von verbotenen Speisen so viel zu essen, dass das Überleben gesichert ist.[56]
- Im Edlen Quran heißt es dazu:
  „Wenn aber jemand (dazu) gezwungen ist, ohne (es) zu begehren und ohne das Maß zu überschreiten, so trifft ihn keine Schuld; wahrlich, Allah ist Allverzeihend, Barmherzig.“[57]

Ist es in einer solchen Notsituation aber möglich, sich so viel erlaubte Nahrung zu besorgen, dass diese ausreicht, um den Hungertod abzuwenden, so darf man keine verbotenen Speisen zu sich nehmen.

Hat man hingegen nicht die Möglichkeit, den Hungertod auf erlaubte Weise abzuwenden, dann ist man sogar dazu verpflichtet, verbotene Nahrung zu sich zu nehmen, da dies in Notsituationen erlaubt ist, um zu überleben. Tut man dies nicht, so begeht man eine Sünde und wird dafür im Jenseits zur Rechenschaft gezogen werden.[58]

---

56 Nach Imam Malik darf man sich in einer solchen Situation an verbotenen Speisen auch sattessen.

57 El-Baqarah, 173.

58 Reddul Muhtar, 6/338 .

Medizinische Notsituationen

Unter den Rechtsgelehrten gibt es zwei Ansichten darüber, ob Heilmittel, die aus verbotenen Substanzen hergestellt worden sind, erlaubt sind oder nicht.

Die erste Meinung besagt, dass dies nicht gestattet ist und bezieht sich dabei auf folgende Überlieferung: Der Gesandte Allahs (s.a.w.s.) wurde auf Heilmittel angesprochen, die aus Alkohol hergestellt wurden. Daraufhin sagte er:

„Wahrlich, er [der Alkohol] ist kein Heilmittel, sondern (selbst) eine Krankheit“[59].

Nach der zweiten Meinung bezieht sich diese Hadith nur auf Situation, in denen eine alternative Behandlung mit erlaubten Mitteln möglich ist. In Notlagen aber – also in Situationen, in denen eine Behandlung mit Medikamenten, die aus erlaubten Substanzen hergestellt worden sind, nicht möglich ist, weil solche nicht existieren oder nicht zur Verfügung stehen – ist eine Behandlung mit Heilmitteln, die aus verbotenen Substanzen hergestellt wurden, erlaubt, wenn dies auf Anweisung eines Arztes erfolgt.[60]

---

59 Bukhari: Eschribeh, 1984.

60 Muslim: Eschribeh, 12.

Luxus

Vom Tragen goldener Ringe

Männer dürfen keine goldenen Ringe tragen. Dies wird in einer Hadith, die von Ibn Sulaym, einem der Eshab[61] (r.a.) vom Propheten (s.a.w.s.) überliefert wird, bestätigt:

„Er (der Gesandte Allahs) hat uns das Tragen goldener Ringe verboten.“[62]

In einer anderen Hadith, überliefert von Ebu Sa'id El-Khudri (r.a.), heißt es:

„Ein Mann aus Bahrain trat vor den Gesandten (s.a.w.s.) (und) er hatte einen goldenen Ring (an seinem Finger). Da wandte sich der Gesandte (s.a.w.s.) vom ihm ab und sagte: „Wahrlich kamst du mit einem Stück glühender Kohle des (Höllen-)Feuers zu mir.““[63]

Das Tragen eines Ringes

Das Tragen eines silbernen Ringes am kleinen Finger ist Männern erlaubt. Ringe aus anderen Materialien zu tragen ist für sie hingegen *mekruh*.[64] Wie weiter oben bereits erwähnt ist es für Männer *haram*, goldene Ringe zu tragen.

---

61 Sahabi /Pl. Eshab/Sahabeh: Gefährte des Gesandten Allahs (s.a.w.s.).

62 Muslim: Libas we Zineh, 2066.

63 Sunan Nesa'i: Zineh, 5188.

64 Durer, 1/312; Bedai', 5/133.

Gefäße aus Gold und Silber

Der Gebrauch goldener oder silberner Gefäße ist für Männer und Frauen *haram*. Hudhayfeh (r.a.) überliefert dazu:

„Der Gesandte (s.a.w.s.) sagte: „Trinkt nicht aus goldenen oder silbernen Gefäßen und kleidet euch nicht in Seide oder Brokat.“[65]

Dasselbe gilt für den Gebrauch von goldenem und silbernem Besteck.[66]

Zierrat aus Gold und Silber

Es ist erlaubt, Gefäße und Besteck aus Gold und Silber zu Hause aufzubewahren und beispielsweise in einer Vitrine auszustellen.[67]

Kauf und Verkauf goldener und silberner Gefäße

Mit Gefäßen aus Gold und Silber zu handeln oder diese als Wertanlage oder zur Zier aufzubewahren ist erlaubt.[68]

---

65 El-Bukhari: Eschribeh, 5310.

66 Benaye, 9/182.

67 El-Fiqhul Islami, 3/544. Nach Ansicht der schafi'itischen Gelehrten ist dies nicht erlaubt.

68 Nach Ansicht der schafi'itischen Gelehrten ist dies nicht erlaubt, da der Besitz solcher Gegenstände laut der schafi'itischen Rechtsschule absolut verboten ist.

Seidene Kleidung

Männern ist das Tragen von Seide ebenso wenig erlaubt wie das Tragen goldener Ringe. Dazu überlieferte Ali Ibn Ebi Talib (r.a.):

„Wahrlich nahm der Gesandte Allahs (s.a.w.s.) ein (Stück) Seide in seine Rechte, dann nahm er einen (Gegenstand aus) Gold in seine Linke und sagte: „Wahrlich, diese beiden sind den Männern meiner Ummeh verboten." [69]

---

69 Sunen Ebu Dawud: Libas, 4057.

Sport und Spiel

Glücksspiel

Mit Glücksspiel bezeichnet man jede Art von Wette, bei der alle beteiligten Parteien Geld oder andere Gegenstände als Wetteinsatz einsetzen. Im Islam sind alle Arten des Glücksspiels verboten[70]. Dazu heißt es unmissverständlich im Edlen Quran:

„O ihr, die ihr glaubt! Berauschendes, Glücksspiel, Opfersteine und Lospfeile sind ein Gräuel, das Werk des Satans. So meidet sie, auf dass es euch wohlergehe; Satan will durch das Berauschende und das Glücksspiel nur Feindschaft und Hass zwischen euch säen, um euch vom Gedenken an Allah und vom Gebet abzuhalten. Werdet ihr euch denn abhalten lassen?“[71]

Die wichtigsten Schäden, die durch das Glücksspiel entstehen, sind die Folgenden:

1. Spielgewinn ist unrechtmäßig erworbenes Geld.[72]

---

70 Wenn aber nur eine der am Spiel teilnehmenden Parteien einen Wetteinsatz einsetzt, die anderen aber nicht, so ist dies erlaubt. Beispiel: Ein Vater läuft mit seinem Sohn um die Wette und sagt: „Wenn du gewinnst, kriegst du ein Eis, wenn du verlierst musst du nichts bezahlen." Diese Art der Wette ist erlaubt.

71 El-Ma'ideh, Vers 90f.

72 Unrechtmäßig erworbener Besitz führt dazu, dass man den Segen Allahs verliert, wenn man diesen Besitz, zum Beispiel für den Unterhalt der Familie, verwendet. Dies führt zu Streit, Neid und Zwietracht innerhalb der Familie und man erhält außerdem keinen göttlichen Lohn für die Taten, die man mithilfe des verbotenen Besitzes finanziert. Daher sollte unrechtmäßig erworbener Besitz dessen rechtmäßigem Besitzer zurückgegeben werden. Ist dies nicht möglich, dann muss dieser an Bedürftige gespendet werden.

2. Beim Glücksspiel entsteht Neid und Hass zwischen den Beteiligten.
3. Glücksspiel macht so versessen, dass man darüber das Gebet vergisst.
4. Verlust im Glücksspiel kann dazu verleiten, alles was man besitzt hemmungslos dafür einzusetzen, das Verlorene wieder zurückzugewinnen.
5. Ein Muslim sollte sein Geld auf ehrliche Art und Weise verdienen. Ein Spielgewinn basiert hingegen auf Zufälligkeiten und Glück.

Lotto und Tombolas fallen ebenfalls unter die Definition von Glücksspiel.

Wetten

Wetten gilt als Glücksspiel und ist deshalb *haram*. Geld oder andere Dinge, die man beim Wetten gewonnen hat, sind deshalb ebenfalls *haram*.[73]

Tierkämpfe

Ibn Abbas (r.a.) berichtet, dass

„der Gesandte Allahs (s.a.w.s.) es verboten hat, Tiere aufeinander loszulassen.“[74]

---

73 Es ist aber erlaubt zu wetten, wenn nur einer der Wettpartner einen Gewinn einsetzt. So darf man beispielsweise sagen: „Wenn du Recht hast, dann gebe ich dir einen Kaffee aus, wenn du nicht Recht hast, bezahlst du mir nichts." Dieses Thema wurde bereits weiter oben behandelt.

74 Sunen Ebu Dawud: Dschihad, 2562.

Daher sind alle Arten von Schaukämpfen mit Tieren, wie Hahnen- oder Stierkämpfe, verboten und gelten als Tierquälerei.

Auszeichnung für einen Wettkampf

Wird die Auszeichnung von den Wettkämpfern selbst, durch Startgebühren oder Ähnliches, bezahlt, gilt der Wettkampf als Glücksspiel und es ist nicht erlaubt, diese Auszeichnung anzunehmen. Wird die Auszeichnung aber von einer außenstehenden Person oder einer Vereinigung vergeben, so darf der Gewinner diese Auszeichnung annehmen.

Backgammon

Backgammon ist *haram*. Dieses Verbot gründet auf den beiden folgenden Hadithen:

„Backgammon zu spielen ist dasselbe wie seine Hand in Schweinefleisch und Schweineblut zu tauchen.“[75]

„Wer Backgammon spielt, lehnt sich gegen Allah und Seinen Gesandten auf.“[76]

75 Sunen Ebu Dawud: Edeb, 4939.
76 Sunen Ebu Dawud: Edeb, 4938.

Schach

Die meisten Rechtsgelehrten betrachten das Schachspielen als *haram*. Nach einer Überlieferung stuft Imam Ebu Yusuf (rah.) das Schachspielen als *halal* ein. Dies aber nur, wenn nicht um Geld gespielt und das Spiel nicht so weit in die Länge gezogen wird, dass dabei religiöse Pflichten vernachlässigt werden. Wird eine dieser Voraussetzungen nicht erfüllt, so ist das Schachspielen nach Übereinstimmung aller Gelehrten *haram*.[77]

Boxen

Da es nicht gestattet ist, sich gegenseitig zu schädigen und Verletzungen zuzufügen, ist Boxen nicht erlaubt.

Ballspiele

Ballspiele sind unter der Voraussetzung erlaubt, dass dabei die *Awreh* bedeckt bleibt und die religiösen Pflichten nicht vernachlässigt werden.

77 Reddul Muhtar: Band 9, Seite 650 f. In der der schafi'itischen Rechtslehre ist Schach erlaubt.

Bildnisse

Spielzeug

Der Gesandte (s.a.w.s.) verbot Kindern nicht, mit Puppen zu spielen, wenn er diese dabei sah. So überliefert unsere Mutter Aischa (r.a.):

„Ich spielte in der Gegenwart des Propheten (s.a.w.s.) mit Puppen.“[78]

Dies ist der Beweis dafür, dass Puppen, Plüschtiere und Ähnliches erlaubt sind und nicht mit Statuen gleichgesetzt werden.

Statuen

Die Herstellung und der Besitz von Statuen sind *haram*. Den Beweis hierfür liefern die beiden folgenden Hadithe:

„Zu den Leuten, die am Jüngsten Tag am heftigsten bestraft werden, gehören jene, die Statuen herstellen.“[79]

Der Engel Gabriel (a.s.) sagte zum Gesandten (s.a.w.s.):

„Wahrlich, wir (die Engel) treten nicht in Häuser ein, in denen sich ein Hund oder eine Abbildung80 befindet.“[81]

---

78 Bukhari: Edeb, 5779.
79 Bukhari: Edeb, 5758.
80 Hiermit sind keine Bilder sondern Statuen gemeint.
81 Muslim: Libas we Zineh, 2104.

Statuen wurden hauptsächlich deshalb verboten, um den monotheistischen Glauben zu erhalten und die Erinnerung an die Zeit der Götzenanbetung auszulöschen.

Bilder

Die Rechtsgelehrten sind sich darin einig, dass es erlaubt ist, leblose Gegenstände und Pflanzen abzubilden. Die Abbildung beseelter Wesen ist bei den Gelehrten aber umstritten. Die einen sagen, dass dies erlaubt sei, solange keine anstößigen Dinge dargestellt oder Personen verherrlicht werden und der Künstler sich nicht für den Erschaffer dieser Dinge hält. Die anderen sagen, dass die Abbildung von Lebewesen nur dann erlaubt ist, wenn dies eine absolute Notwendigkeit darstellt.

Fotos

Die Gelehrten, die es nicht erlauben, Lebewesen zu malen, erlauben es auch nicht, Lebewesen zu fotografieren. Diejenigen, die das Malen erlauben, erlauben auch das Fotografieren. Andere wiederum erlauben die Abbildung per Fotografie, weil dabei nicht derselbe schöpferische Akt stattfindet wie beim Malen.

Die Erstellung von Passfotos für Reisepässe, Personalausweise und andere Dokumente ist nach übereinstimmender Meinung der Gelehrten erlaubt, weil dafür eine besondere Notwendigkeit besteht.

Körperpflege

Sich für den Ehepartner zurechtmachen

Die Frau soll sich für den eigenen Mann zurechtmachen und der Mann sich für seine Frau pflegen. Die Eheleute sollen sich ja anziehend finden und nicht abstoßend. Sich zu schminken, zu parfümieren und zu pflegen wird also – in scha' Allah – von Allah dem Erhabenen belohnt, weil es die Liebe und Harmonie zwischen den Eheleuten fördert. Verboten sind allerdings Veränderungen der körperlichen Substanz des Menschen selbst, wie Schönheitsoperationen. Dies ist eine Auflehnung gegen den Willen Allahs, der der Schöpfer des Körpers des Menschen ist, und eine Gehorsamstat gegenüber dem Scheytan. Denn der Scheytan sagte Folgendes:

„Und wahrlich werde ich (der Scheytan) ihnen befehlen und dann werden sie [die Diener Allahs] mit Sicherheit die Schöpfung Allahs verändern.“ [82]

Tätowierungen

Der Prophet (s.a.w.s.) sagte zu diesem Thema:

„Verflucht sind der Tätowierer und der, der sich tätowieren lässt.“ [83]

Es gibt zwei Gründe dafür, warum man sich nicht tätowieren lassen darf: Erstens, weil Veränderungen am menschlichen Körper, also an der Schöpfung Allahs, vorgenommen werden

82 En-Nisa', Vers 119.

83 Bukhari: Libas, 5603; Muslim: Libas we Zineh, 2125.

und zweitens, weil es verboten ist, sich unnötig Schmerzen zuzufügen oder zufügen zu lassen.

Vom Zupfen der Augenbrauen

Sich die Augenbrauen zu zupfen, ist ebenfalls verboten, denn in einer Hadith heißt es:

„*Verflucht ist der […], der Augenbrauen auszupft oder sich Augenbrauen auszupfen lässt.*“[84]

Vom Zufeilen der Zähne

In der oben genannten Hadith heißt es ebenfalls:

„*Verflucht ist der, der Zähne abfeilt oder sich Zähne abfeilen lässt.*“[85]

---

84 Muslim: Libas we Zineh, 2125. Der Gelehrte Ibn Abidin bemerkt dazu, dass sich dies hoffentlich nur darauf bezieht, dass sich eine Frau die Augenbrauen für fremde Personen, also nicht den eigenen Ehemann, auszupft. Wenn aber eine Frau einen starken Haarwuchs im Gesicht hat und sich ihr Ehemann dadurch gestört fühlt, dann ist es weit davon entfernt, verboten zu sein, dass sich die Frau diese überschüssigen Haare auszupft. Wenn einer Frau Bart oder Schnurrbart wächst, dann ist es nicht verboten, diese zu entfernen, sondern im Gegenteil *mustehabb*. Auch ein Mann darf sich – bei starkem Wuchs der Augenbrauen – einen Teil davon entfernen, solange dies nicht dazu führt, dass er weibisch wirkt (Vgl. Reddul Muhtar, Band 9, Seite 615).

85 Ebd. Viele Araberinnen ließen sich zur Zeit des Gesandten (s.a.w.s.) die Zähne zufeilen. Dies galt als Schönheitssymbol.

Schönheitsoperationen

Wie bereits erwähnt, sind Schönheitsoperationen verboten, weil sie zu einer Veränderung der Schöpfung Allahs führen. So sind chirurgische Eingriffe an Nase, Kinn, Brust oder anderen Körperteilen nicht erlaubt.
Führt aber eine körperliche Anomalie[86] dazu, dass sich andere Leute über einen lustig machen, oder wird zum Beispiel eine Nasenoperation notwendig, damit man wieder frei atmen kann, so ist es erlaubt, sich operieren zu lassen.

Das Tragen von Perücken, Haarteilen und Haarverlängerungen

Ibn Umer (r.a.) sagte:

„Der Prophet (s.a.w.s.) verfluchte diejenige, die Haare (mit Fremdhaar) verlängert oder sich verlängern lässt.“[87]

Unter dieses Verbot fällt auch das Tragen von Perücken aus Menschenhaar. Das Tragen falscher Haarteile und Perücken verändert das natürliche Aussehen und führt zur Täuschung anderer. Perücken, Zöpfe oder Haarteile, die aus Seide oder Wolle hergestellt wurden, sind aber erlaubt.[88]

---

86 So ist es beispielsweise kein Problem, sich eine Hasenscharte entfernen zu lassen.

87 Bukhari: Libas, 5603.

88 Bedai, 5/125.

Das Stechen von Ohrlöchern

Mädchen und Frauen dürfen sich Ohrlöcher stechen lassen und Ohrringe tragen. Der Prophet (s.a.w.s.) verbot dies nicht, obwohl der Gebrauch von Ohrringen auch zu seiner Zeit unter den Frauen weit verbreitet war.[89]

Buben oder Männer dürfen sich aber keine Ohrlöcher stechen lassen und auch keine Ohrringe tragen, weil dies dem Verhalten der Frauen ähnelt.[90]

Das Stechen von Ohrlöchern durch einen Mann, der kein *Mahram*[91] der Frau ist

Eine Frau darf sich von keinem Mann, der nicht zu ihren *Mahram*-Personen gehört, Ohrlöcher stechen lassen. Die Ohren der Frau zählen nämlich zu ihrem Intimbereich *(Awreh),* den fremde Männer oder ferne Verwandte weder betrachten noch berühren dürfen.

Das Färben der Haare und des Bartes

Der Gesandte (s.a.w.s.) forderte die Muslime auf, sich von den Nichtmuslimen durch das Färben der Haare und Bärte zu unterscheiden:

---

89 Hindiyye, 5/357.

90 Reddul Muhtar: Band 9, Seite 693.

91 Mit *Mahram* bezeichnet man die nahen Verwandten einer Frau, denen es erlaubt ist, die Frau zu berühren und Teile ihres Körpers zu betrachten, die für fremde Personen oder ferne Verwandte tabu sind. Vgl. auch das Kapitel über *Mahram* in diesem Buch und die Fußnote 93.

„Wahrlich, die Juden und Christen färben sich nicht [ihre Haare und Bärte], so unterscheidet euch von ihnen!“[92]

Das Färben von Bart und Haaren wurde von den Gefährten des Gesandten (s.a.w.s.) allerdings als eine Aufforderung des Propheten (s.a.w.s.) und nicht als Befehl verstanden. Deshalb färbten sich manche von ihnen Bart und Haare, andere nicht.

Das Schwarzfärben von Bart und Haaren

Ideal zum Färben von Bart- und Haupthaar sind rötliche und dunkle Farbmischungen auf pflanzlicher Basis (z.B. Henna). Das Färben mit schwarzer Farbe ist hingegen nicht zulässig.

Dazu berichtet Dscha'bir Ibn Abdullah (r.a.) Folgendes:

„Man brachte Ebu Quhafeh [den Vater Ebu Bekrs] am Tage der Eroberung Mekkas (vor den Propheten) und sein Haupt und sein Bart waren schlohweiß. Da sagte der Gesandte Allahs (s.a.w.s.): „Ändert diese [Haar- bzw. Barthaarfarbe] mit einem (Färbe)Mittel, aber nehmt kein Schwarz.“[93]

Nach Ebu Yusuf (rah.) ist es erlaubt, dass sich Eheleute füreinander die Haare schwarz färben. [94]

92 Bukhari: Libas, 5559.

93 Muslim: Libas we Zineh, 2102.

94 Medhehibul Erbe'a, 2/46.

Sich den Bart wachsen lassen

Dazu sagte der Gesandte Allahs (s.a.w.s.):

„Stutzt den Schnurrbart zurück und lasst den Bart stehen.“ [95]

Die Gelehrten sind sich uneins darüber, wie die Aussage dieser Hadith islamrechtlich zu bewerten ist. Einige von ihnen sagen, es sei eine Verpflichtung *(wadschib)* des Gläubigen, sich einen Bart wachsen zu lassen, andere vergleichen diese Hadith mit der über das Färben der Haare und sagen, es ist *Sunneh*, sich einen Bart wachsen zu lassen.

Nach der ersten Meinung ist das Abrasieren des Bartes *mekruh tahrimen*, nach der zweiten *mekruh tenzihen*.

Das Färben der Hände mit Henna

Eine Frau darf sich jederzeit die Hände mit Henna färben, einem Mann ist dies hingegen – außer wenn eine medizinische Notwendigkeit dafür vorliegt – untersagt. Ein Junge darf sich ebenfalls nicht die Hände mit Henna färben, weil dies den Handlungen einer Frau gleicht und daher nicht erlaubt ist.[96]

Das Schneiden der Haare einer Frau

Eine Frau darf sich ihre Haare schneiden, aber nicht so kurz, dass sie dadurch einem Mann ähnelt.

---

95 Bukhari: Libas, 5554.
96 Hindiyye, 5/359

Die Rasur im Zustand großer ritueller Unreinheit

Es ist *mekruh tenzihen,* sich im Zustand großer ritueller Unreinheit die Fingernägel zu schneiden oder sich zu rasieren.[97]

Der Gebrauch von Toilettenpapier

Es bestehen keine islamrechtlichen Einwände gegen die Benutzung von Toilettenpapier.

97 Hindiyye, 5/358

Der Intimbereich/Schambereich (*Awreh*)

Definition von *Awreh*

Mit *Awreh* bezeichnet man alle Körperstellen, die nicht offen gezeigt und nicht von anderen betrachtet werden dürfen.

Arten der *Awreh*

Es gibt drei Arten der *Awreh*:

1. Der Schambereich des Mannes erstreckt sich von unterhalb seines Bauchnabels bis zum unteren Ende seiner Knie. Nur seine Ehefrau(en) dürfen diesen Bereich betrachten, allen anderen Personen ist er verboten.[98]
2. Der Schambereich der Frau gegenüber fremden Männern – und nach der vorgezogenen Meinung der Gelehrten auch gegenüber nichtmuslimischen Frauen – ist ihr gesamter Körper, außer ihrem Gesicht, ihren Händen und – nach der vorgezogenen Meinung der Gelehrten – ihren Füßen.[99]
3. Der Schambereich der Frau gegenüber ihren nahen männlichen Verwandten[100] ist der Bereich zwischen ihrem

---

98 In der schafi'itischen Rechtsschule zählen die Knie nicht mehr zum Schambereich des Mannes.

99 In der schafi'itischen Rechtsschule zählen auch die Füße zum Schambereich der Frau.

100 Als „nahe männliche Verwandte" (*Mahram*) einer Frau zählen alle männlichen Familienmitglieder, die diese nicht heiraten darf. Vertikale Blutlinie: Vater, Großväter, Söhne und (Ur-)Enkel; horizontale Blutlinie: Brüder, Halbbrüder, Söhne der Geschwister, (Ur-)Enkel der Geschwister, Onkel und Großonkel mütterlicher- und väterlicherseits. Dasselbe gilt für die männliche Milchverwandtschaft. Dazu zählen auch die

Bauchnabel und ihren Knien, einschließlich ihres Rückens, ihres Bauches und ihrer Seiten.[101]

Zwischen Eheleuten gibt es keine *Awreh*, sie dürfen sich also gegenseitig vollkommen nackt betrachten.[102]

Der Mann darf diejenigen Körperstellen seiner nahen weiblichen Verwandten *(Mahram)* berühren, die er auch ansehen darf.

Einer fremden Frau darf ein Mann zwar ins Gesicht blicken oder ihre Hände betrachten, berühren darf er sie jedoch nicht, denn die Berührung einer Frau weckt größere Begehrlichkeiten im Mann als ihr Anblick.[103]

Wann ist die weibliche Stimme *Awreh* und wann nicht?

Nach bevorzugter Meinung ist die Stimme der Frau keine *Awreh*, solange sie in normalem Tonfall spricht. Setzt die Frau aber ihre Stimme dazu ein, um zu kokettieren und das Interesse

---

männlichen Verwandten durch Verschwägerung, wie Vater, Großväter, Enkel und Urenkel des Mannes.

101 In der schafi'itischen Rechtsschule ist dies nur der Bereich zwischen Bauchnabel und Knie.

102 Manche Gelehrte sagen, dass das Anblicken der Geschlechtsorgane zu Vergesslichkeit und Kurzsichtigkeit führe und es besser sei, nicht das Geschlechtsteil des Partners anzusehen, weil der Gesandte (s.a.w.s.) sagte: *„Wenn einer von euch zu seiner Frau geht, dann soll er das bedecken, was angemessen ist und beide sollen nicht nackt sein wie ein nackter Esel."* Ibn Umer (r.a.) sagte: „Es ist besser hinzusehen, denn das steigert die Lust", und als Imam Hanifeh (r.a.) gefragt wurde, ob es verboten sei, das Geschlechtsorgan des Ehepartners zu berühren, um es zu stimulieren, sagte er: „Nein. Und hoffentlich erhöht dies sogar den Lohn [für die sexuelle Befriedigung des Ehepartners]." (Vgl. Reddul Muhtar, Band 9, Seite 605).

103 Hindiyye, 5/327.

des anderen Geschlechts auf sich zu ziehen, so ist dies nicht erlaubt, da es zu Begehrlichkeiten seitens des Mannes führen könnte. Singt eine Frau, oder rezitiert sie beispielsweise beim Quranlesen mit Melodie, so gilt ihre Stimme als *Awreh* und es ist *haram* für den fremden Mann[104], solch einer Stimme zu zuzuhören.[105]

Vom Bedecken der *Awreh*

An mehreren Stellen im Edlen Quran wird darauf hingewiesen, dass die Frauen sich in der Öffentlichkeit keusch zu verhalten haben und ihre *Awreh* bedecken sollen:

„Und sage den gläubigen Frauen, dass sie ihre Blicke senken und ihre Keuschheit wahren und ihre Reize nicht zur Schau stellen sollen, außer was sichtbar ist [Hände und Gesicht], und dass sie ihre Tücher um ihren Busen [Dekolleté] schlagen.“[106]

In einem anderen Quranvers heißt es:

„O Prophet! Sage deinen Frauen und deinen Töchtern und den Frauen der Gläubigen, dass sie [wenn sie wegen einer Notwendigkeit das Haus verlassen] etwas von ihren Übergewändern über sich ziehen sollen.“[107]

---

104 Vgl. Definition von *Mahram*, Fußnote 93.

105 El-Fiqhul Islami, 1/595.

106 En-Nur, Vers 31.

107 El-Ehzab, Vers 59.

Unsere Mutter Aischa (r.a.) überliefert,

„dass Esma' Bint Ebu Bekr beim Gesandten Allahs (s.a.w.s.) eintrat und (nur) mit einem dünnen Stoff bekleidet war. Da wandte sich der Gesandte Allahs (s.a.w.s.) von ihr ab und sprach: ‚O Esma, wenn [eine Frau] das Alter der Geschlechtsreife erreicht hat, dann darf sie nur das und das zeigen.' Dabei deutete er auf sein Gesicht und seine Hände."[108]

Die islamischen Gelehrten sind sich darin einig, dass alle Körperstellen der Frau, außer ihren Händen, ihrem Gesicht und – nach einer Meinung – ihren Füßen, *Awreh* sind und bedeckt werden müssen.

Islamische Kleidungsvorschriften für die Frau

Eine Muslimin muss folgende Kleidungsvorschriften beachten:

1. Alle Körperstellen, deren Bedeckung vorgeschrieben ist, müssen vollständig verhüllt werden.
2. Ihre Kleidung darf nicht so dünn sein, dass darunter die Haut erkennbar ist.
3. Sie muss sich so kleiden, dass ihre Figur nicht erkennbar ist. Taillierte Kleidungstücke oder Kleidungsstücke, die die Hüften oder die Oberweite der Frau betonen, sind nicht erlaubt. [109]
4. Die Frau darf sich nicht auf die gleiche Weise wie Männer kleiden.

---

108 Sunen Ebu Dawud: Libas, 4104.

109 Bedai, 5/123.

Ibn Abbas (r.a.) berichtet,

„dass der Prophet (s.a.w.s.) Männer, die sich wie Frauen geben und Frauen, die sich wie Männer geben, verfluchte." [110]

Perücken als Kopftuchersatz

Perücken gelten nicht als Kleidungsstücke, denn sie verringern nicht die erotische Ausstrahlung einer Frau, sondern steigern diese im Gegenteil manchmal sogar noch. Der Sinn der islamischen Kleidungsvorschriften ist es aber gerade, keine Begehrlichkeiten beim anderen Geschlecht zu erwecken. Deshalb kommt eine Muslimin nicht darum herum, ein Kopftuch zu tragen, auch wenn sie aus einer Notwendigkeit heraus (beispielsweise weil sie Haarausfall hat) eine Perücke – aus synthetischem Haar oder Wolle – trägt.

Vom Fotografieren einer Frau ohne Kopftuch

Ist eine Frau dazu gezwungen – beispielsweise für einen Ausweis – Fotos ohne Kopftuch machen zu lassen, so dürfen diese Fotos nur von einem nahen männlichen Verwandten *(Mahram)* oder einer Frau angefertigt werden.[111]

Ärztliche Untersuchungen

Normalerweise darf sich eine Frau nicht von einem männlichen Arzt oder ein Mann von einer Ärztin untersuchen lassen. Gibt es

110 Sunen Ebu Dawud: Libas, 4097.

111 Heutzutage bieten sich dafür auch Automaten für Passfotos an Bahnhöfen oder in öffentlichen Einrichtungen an.

aber keine Ärztin vor Ort, die die erforderliche Dienstleistung anbietet, so darf sich eine Frau ausnahmsweise auch von einem männlichen Arzt untersuchen lassen, und gibt es keinen männlichen Arzt vor Ort, so darf sich ein Mann ausnahmsweise auch von einer Frau untersuchen lassen.

Fruchtbarkeit und Verhütung

Koitus interruptus *(Azl)*

Wenn seine Ehefrau damit einverstanden ist, darf ein Mann den Geschlechtsverkehr unterbrechen, bevor es zur Ejakulation in die Vagina seiner Frau kommt. Diesen Vorgang nennt man im islamischen Recht *Azl* (Entfernung, Trennung). Der Beweis dafür findet sich in einer Überlieferung von Umer (r.a.):

„Der Gesandte Allahs (s.a.w.s.) verbat den Koitus interruptus bei einer freien Frau, wenn sie dazu nicht ihr Einverständnis gibt.“[112]

Wenn die Frau aber damit einverstanden ist, dann gibt es dagegen keine Einwände. Die Rechtsgrundlage dafür bildet eine Überlieferung des Sahabi Dscha'bir (r.a.):

„Wir betrieben Koitus interruptus zur Zeit der Offenbarung des Qurans.“[113]

Da die Ehefrau ein Recht darauf hat, Kinder zu kriegen, muss sie von ihrem Mann gefragt werden, ob sie dem Koitus interruptus zustimmt oder nicht.[114] Auch der Gebrauch von Präservativen (Kondomen) fällt unter die Kategorie Koitus interruptus und bedarf der Zustimmung der Ehefrau.

112 Tuhfetul Ehwedhi Scherh Sunenu Tirmidhi: Kitabul Nikah: Azl, S. 242.
113 Sunenu Tirmidhi: Nikah, 1137.
114 Binaye, 9/292; Bedai, 5/126.

Verhütung mit Spirale

Aus religiöser Sicht gibt es keine Einwände, eine Spirale oder Medikamente (wie beispielsweise die Pille) zu Verhütungszwecken zu nutzen.

Abtreibung

Nur wenige islamische Rechtsgelehrte erlauben es, eine Schwangerschaft – und dann auch nur bis zum vierten Schwangerschaftsmonat – abzubrechen. Die große Mehrheit der Gelehrten hingegen verbietet dies. Alle Rechtsgelehrten sind sich jedoch einig, dass ein Schwangerschaftsabbruch nach dem vierten Monat – egal ob dieser medikamentös eingeleitet wird oder mittels eines operativen Eingriffs erfolgt – verboten ist, wenn nicht eine medizinische Notwendigkeit dafür besteht. [115]

Künstliche Befruchtung (In-Vitro-Fertilisation)

Sollten Ehemann oder Ehefrau nicht in der Lage sein, sich auf natürlichem Wege fortzupflanzen, dann ist eine künstliche Befruchtung erlaubt, wenn sowohl die Spermien als auch die befruchteten Eizellen von den beiden Eheleuten selbst stammen.

Eine künstliche Befruchtung mit dem eigenen Sperma und den Eizellen einer fremden Frau, oder der eigenen Eizellen mit den Spermien eines fremden Mannes, ist nicht gestattet, da dies islamrechtlich unter die Kategorie Unzucht fällt und noch dazu dadurch die Gefühle eines der beiden Ehepartner verletzt werden könnten.

---

115 Fetvalar, S. 53.

Vasektomie, Sterilisation und Kastration

Die Zeugungsfähigkeit eines Menschen zu beschneiden ist nicht erlaubt, egal ob es sich dabei um einen Mann oder eine Frau handelt. Gegen die Kastration von Tieren bestehen aber keine Einwände.[116]

Abklemmen des Eileiters

Das Abklemmen des Eileiters ohne medizinische Notwendigkeit ist nicht gestattet, da dies zu dauerhafter Zeugungsunfähigkeit führt.

Vom Einpflanzen der Eizellen der einen Ehefrau in die Gebärmutter einer anderen Ehefrau desselben Mannes

Eizellen einer Frau mit den Spermien ihres Ehemannes zu befruchten und einer anderen seiner Ehefrauen einzupflanzen ist nach der Ansicht der Mehrheit der Gelehrten nicht erlaubt, da dies den Grundsätzen und Geboten des Islams wiederspricht.

Künstliche Besamung von Nutztieren

Nutztiere wie Kühe oder Schafe zur Steigerung der Fleisch- und Milchleistung mit Spermien von Bullen oder Böcken zu besamen, die besonders gut für die Zucht geeignet sind, ist erlaubt.

116 Hindiyye, 5/357

Unzucht

Unzucht *(Zina')* ist der Geschlechtsverkehr zweier nicht miteinander verheirateter Personen.

Unzucht ist im Islam strengstens verboten und zählt zu den großen Sünden. Unzucht wird im Edlen Quran als eine Schändlichkeit verurteilt:

„Und kommt der Unzucht nicht nahe; seht, das ist eine Schändlichkeit und ein übler Weg.“[117]

Nicht nur die Unzucht selbst ist also verboten, sondern schon die bloße Annäherung an die Unzucht. Wie oben erwähnt ist alles *haram*, was zu *haram* führen könnte.

Der Prophet (s.a.w.s.) sagte dazu:

„Als Mumin (Gläubiger) begeht man keine Unzucht.“[118]

Dies bedeutet, dass man solange noch keinen vollkommenen Glauben erreicht hat, bis man sich nicht gänzlich von der Unzucht fernhält.

Mit Unzucht ist großer Schaden verbunden: Sie führt zur Verbreitung ansteckender Krankheiten, macht es schwierig, die Abstammung einer Person nachzuvollziehen, führt zum Bruch innerhalb der Familien und zerstört Sitte und Moral innerhalb einer Gesellschaft.

117 El-Isra', Vers 32.
118 Muslim, 100.

Sexuelle Beziehungen zwischen Männern

Homosexualität ist eine Handlung wider die Natur des Menschen und *haram*. Ist Homosexualität in einer Gesellschaft weit verbreitet, so führt dies zu deren moralischem Kollaps. Dergleichen passierte in der Geschichte der Menschheit schon des Öfteren, und der Edle Quran berichtet davon, wie deswegen so manches Volk vernichtet wurde.[119]

Lesbische Beziehungen

Sexuelle Beziehungen zwischen Frauen sind genauso verboten wie sexuelle Beziehungen zwischen Männern.

Sodomie: Geschlechtsverkehr mit Tieren

Sodomie ist ein Verhalten wider die menschliche Natur und genauso verboten wie Homosexualität.

Analverkehr

Analverkehr ist im Islam nicht erlaubt und zählt zu den großen Sünden.

Der Prophet (s.a.w.s.) sagte dazu:

„Allah der Erhabene steht keinem Mann bei, der mit seiner Frau Analverkehr betreibt.“[120]

---

119 Hud, 77-83

120 Sunen Ibn Madscheh: Nikah, 1923.

Selbstbefriedigung *(Istimna')*

Die große Mehrheit der islamischen Rechtsgelehrten sagt, dass Selbstbefriedigung *haram* ist. Nur wenn Selbstbefriedigung dazu dient, größeren Schaden wie Unzucht, homosexuelle Handlungen oder Vergewaltigungen abzuwenden, wird sie von ihnen gebilligt. Manche Gelehrte sagen: Wenn man Selbstbefriedigung nicht der Lustempfindung, sondern der Linderung der sexuellen Energie wegen betreibt, dann besteht die Hoffnung, dass man dadurch nicht zum Sünder wird.[121]

Vom Alleinsein mit einer Person des anderen Geschlechts in einem Raum *(Khalweh)*

Es ist einer Person nicht gestattet, sich mit einer fremden Person anderen Geschlechts alleine in einem Raum aufzuhalten, denn die Gefahr dabei ist zu groß, dass die beiden von ihren Gefühlen übermannt werden und etwas Verbotenes tun. Außerdem könnte dies zu übler Nachrede von Seiten Dritter führen, wenn diese mitbekommen, dass sich zwei Fremde alleine in einem Raum aufgehalten haben.

Der Prophet (s.a.w.s.) sagte dazu:

„Wahrlich soll sich kein Mann mit einer (fremden) Frau alleine in einem Raum aufhalten, denn wahrlich, der Dritte im Bunde ist der Scheytan.“ [122]

121 Reddul Muhtar, 2/399
122 Hakim: El-Mustedrak, 387.

Der Handschlag mit Personen des anderen Geschlechts

Es ist erlaubt, einer nahe verwandten Person des anderen Geschlechts *(Mahram)* die Hand zu schütteln, einer fremden Person des anderen Geschlechts hingegen nicht.

Bei Personen aus dem Kreis des eigenen *Mahram* ist es erlaubt, alle Körperstellen, die man betrachten darf, auch zu berühren. Im Umgang mit fremden Frauen gilt diese Regel aber nicht, da die Gefahr zu groß ist, dass aus einer Berührung mehr entsteht. So darf ein Mann zwar das Gesicht und die Hände einer fremden Frau – unter bestimmten Voraussetzungen – betrachten, anfassen darf er diese aber nicht. Nur Frauen, die so alt sind[123], dass sie keine Begehrlichkeiten mehr im Mann wecken, darf die Hand geschüttelt werden.[124]

Von der Reise einer Frau ohne Begleitung

Der Prophet (s.a.w.s.) sagte:

„Eine Frau darf keine dreitägige Reise machen, ohne dass ein naher Verwandter (Mahram) von ihr dabei ist.“[125]

Bei den alten Arabern wurden größere Distanzen in Tagesetappen berechnet. Eine Tagesetappe beträgt ca. 30 Kilometer. Eine Frau

123 Die meisten Gelehrten sagen, dass eine solche Frau mindestens 55 Jahre alt sein muss. Wenn sie aber auch in diesem Alter noch Begehrlichkeiten im Manne weckt, so darf dieser ihr nicht die Hand geben.

124 Binaye, 9/253, Tebyin, 6/18. In der schafi'itischen Rechtsschule ist auch das Händeschütteln mit alten Menschen nicht erlaubt.

125 Bukhari: Teqsirul Salah, 1036.

darf sich also – ohne Begleitung – nicht weiter als 90 Kilometer von ihrem Haus entfernen.[126]

Von der Beschäftigung einer Sekretärin

Eine Geschäftsfrau darf jederzeit eine Sekretärin beschäftigen. Ein Mann hingegen darf nur Frauen als Sekretärinnen beschäftigen, die zu seinem *Mahram* gehören.

126 In der schafi'itischen Rechtsschule darf eine Frau, in Begleitung zweier oder mehrerer anderer vertrauenswürdiger Frauen, die Pflichtpilgerfahrt absolvieren, auch ohne dass ein *Mahram* dabei ist. Für die freiwillige Pilgerreise gilt diese Erleichterung aber nicht.

Leben und Tod

Mord und Totschlag

Im Islam ist Mord die größte Sünde nach der Vielgötterei (*Schirk*).

In einem Quranvers heißt es dazu:

„Wer einen Menschen tötet, ohne dass dieser einen Mord begangen oder Unheil im Lande angerichtet hat, so ist er wie einer, der die ganze Menschheit ermordet hat. Und wer ein Leben erhält, so soll es sein, als hätte er die ganze Menschheit am Leben erhalten."[127]

Und in einem anderen Vers heißt es:

„Wer einen Gläubigen mit Vorsatz tötet, dessen Lohn ist die Hölle; ewig soll er darin verweilen."[128]

Selbstmord

Selbstmord ist genauso verboten wie das Töten anderer. Das Leben ist eine Leihgabe Allahs des Erhabenen, und nur Er hat das Recht, Leben zu nehmen.

Im Edlen Quran heißt es dazu:

„Und bringt euch nicht selbst ums Leben; wahrlich, Allah ist barmherzig gegen euch."[129]

---

127 El-Ma'ideh, Vers 32.
128 En-Nisa', Vers 93.
129 En-Nisa', Vers 29.

Hungerstreik

Wird das Leben oder die Gesundheit des Hungerstreikenden durch einen Hungerstreik gefährdet, dann ist dieser nicht erlaubt. Sollte man an den Folgen eines Hungerstreiks versterben, so gilt dies als Selbstmord.

Sich den Tod wünschen

Sich aus Wut oder Verzweiflung den Tod zu wünschen ist *mekruh*.

Der Gesandte Allahs (s.a.w.s.) sagte dazu:

- „Keiner von euch soll sich den Tod wünschen! Entweder handelt es ich um einen Wohltuenden, dann wird sich sein Gutes hoffentlich noch mehren, oder es handelt sich um einen Missetäter, der sich (dann) hoffentlich selbst tadelt (und so zur Besinnung kommt).“[130]

Selbstmord wegen unerträglicher Schmerzen

Es ist nicht erlaubt, dass eine Person, die unter starken Schmerzen leidet, Selbstmord begeht. Wer unerträglichen Schmerzen hat, der wende sich Allah dem Erhabenen zu und vertraue auf Seine Barmherzigkeit. Denn auch in einer solchen Situation ist Selbstmord verboten.

---

130 Ahmed Bin Hanbel: Musned, Nr. 7568; Vgl. Suyuti: Fethul Kebir, Nr. 9947.

Nierenspende einer lebenden Person

Es ist erlaubt, eine der beiden Nieren zu spenden, wenn dies nicht die eigene Überlebensfähigkeit einschränkt. Eine Niere zu verkaufen ist aber nicht gestattet.

Das Abschalten lebenserhaltender Geräte

Die Mehrheit der Gelehrten vertritt die Meinung, dass lebenserhaltende Geräte nur dann abgeschaltet werden dürfen, wenn ein Facharzt der Ansicht ist, dass ein Überleben des Patienten ohne Unterstützung lebenserhaltender Geräte nicht möglich ist.

Kaiserschnitt bei einer Verstorbenen

Einer verstorbenen schwangeren Frau darf ihr Kind operativ entnommen werden.[131]

Totenwaschung eines Mannes durch seine Ehefrau

Eine Frau darf den Leichnam ihres verstorbenen Ehemannes waschen, der Mann aber nicht den Leichnam seiner verstorbenen Ehefrau.[132]

---

131 Bahrul Raik, 8/233.

132 Dies deshalb, weil der Ehemann unmittelbar mit dem Tod seiner Ehefrau islamrechtlich betrachtet für sie zu einem Fremden wird. Andersherum darf der verstorbene Mann noch von seiner Frau gesehen oder berührt werden, solange ihre *Iddeh* (Wartezeit nach dem Tod des Mannes) noch läuft. (Vgl. Tahtawi, Band II, S. 208f.).
Nach der schafi'itischen Rechtsschule darf auch der Ehemann seine verstorbene Frau waschen.

Von der Bestattung eines Toten in einem schon bestehendem Grab

Es ist nicht gestattet, ein Grab zu öffnen, um einen weiteren Leichnam darin zu beerdigen, bevor der zuvor darin bestattete Leichnam nicht vollkommen zu Staub zerfallen ist. Dabei spielt es keine Rolle, ob die beiden betroffenen Verstorbenen miteinander verwandt waren oder nicht.

Besitz und Erwerb

Verschwendung

Verschwendung bedeutet, von einer Sache mehr zu verbrauchen als notwendig ist. Dies ist im Islam verboten. Dazu heißt es im Edlen Koran:

> ***„Esst und trinkt, doch überschreitet dabei nicht das Maß. Siehe, Er (Allah) liebt die Ausschweifenden nicht.“***[133]

Dinge, die im Islam als Verschwendung gelten

5. Ausgaben für verbotene Dinge oder Taten,
6. Ausgaben, die einer Person keinen Nutzen bringen,
7. Ausgaben oder Spenden, die das gebührende Maß überschreiten und dazu führen, dass eine Person bedürftig und abhängig von anderen Leuten wird.[134]

Prämien für gesammelte Gutscheine

Gutscheine zu sammeln und einzulösen ist unter folgenden Voraussetzungen erlaubt:

- Der Preis der Ware, die man kauft, darf sich aufgrund des Gutscheins, den man dazu erhält, nicht erhöhen.
- Für den Gutschein und die Prämie darf keine zusätzliche Bezahlung erfolgen.
- Die Ware, die man für die Gutscheine erhält, darf nicht *haram* sein.

---

133 El-E'raf, Vers 31.

134 Vgl. El-Isra', Verse 26-29; El-Baqarah, Vers 219.

Es ist also nicht erlaubt, für Lebensmittel oder Gebrauchsgegenstände, deren Konsum oder Benutzung *haram* ist, Gutscheine zu sammeln. Genauso wenig darf man Prämien von Zeitungen oder Zeitschriften entgegennehmen, die ihr Geld durch die Veröffentlichung von Nacktbildern oder Ähnlichem verdienen.

Werbung für verbotene Dinge

Werbung an sich ist erlaubt, solange es sich bei dem Beworbenen um ein Produkt handelt, das *halal* ist. Macht man aber Werbung für ein Produkt, das *haram* ist, so macht man sich dadurch an der Weiterverbreitung dieses Produkts mitschuldig. Daher ist dies verboten.

Anstößige Publikationen

Der Kauf anstößiger Publikationen ist nicht erlaubt. Dazu zählen alle Arten von Zeitungen, Illustrierten und Büchern, die Nacktbilder enthalten, unzüchtiges Verhalten verherrlichen oder Alkohol- und Drogenkonsum verharmlosen. Der Konsum solcher Veröffentlichungen unterstützt die Verbreitung unmoralischen Verhaltens und untergräbt das Fundament der Gesellschaft. Dadurch wird man mitverantwortlich am Verfall von Sitte und Moral innerhalb der Gesellschaft.

Bestechung

Bestechung bedeutet, einem Amtsträger einen Vorteil zu verschaffen, um für sich selbst dadurch einen Vorteil zu erlangen. Im Islam sind alle Arten von Bestechung verboten, egal ob es sich dabei um die Gabe oder die Annahme eines Bestechungsgeschenks handelt.

Dazu heißt es im Edlen Quran:

„Und bringt einander nicht betrügerisch um Hab und Gut und bestecht damit nicht die Richter, um einen Teil des Vermögens der Leute widerrechtlich an euch zu bringen, obwohl ihr es (besser) wisst.“[135]

Abdullah Bin Amr (r.a.) überliefert dazu folgende Hadith:

„Der Gesandte Allahs (s.a.w.s.) verfluchte den Geber und den Empfänger von Bestechungsgeschenken.“[136]

Diebstahl

Diebstahl ist im Islam strengstens verboten und zählt zu den großen Sünden. Diebstahl wird im Islam mit schweren Strafen belegt.

Sich einen Rechtsanwalt nehmen

Es spricht nichts dagegen, sich einen Rechtsbeistand zu nehmen, um seine Rechte einzuklagen.

135 El-Baqarah, Vers 188.
136 Sunenu Tirmidhi: Ehkam, 1337.

Ungerechtfertigte Krankmeldungen

Ein Gesunder darf sich nicht krankschreiben lassen. Diese Art von Betrug beinhaltet gleich mehrere Arten von Unrecht: Man lügt, erschleicht sich Krankengeld und hemmt zusätzlich das Funktionieren der Gesellschaft, wenn dadurch notwendige Arbeitsabläufe ins Stocken geraten.

Quittungen

Sich Belege für Leistungen ausstellen zu lassen, die man gar nicht erhalten hat oder Quittungen anderer Personen bei der Steuererklärung einzureichen, ist Betrug und daher nicht erlaubt.

Fahrtkostenrückerstattung

Wenn man beim Finanzamt eine falsche Entfernung zwischen Wohnung und Arbeitsplatz angibt, so ist dies Betrug und genauso wenig erlaubt wie das Einreichen von Quittungen anderer.

Erwerb von Diebesgut

Es ist nicht erlaubt, Waren zu kaufen, von denen man weiß, dass sie gestohlen wurden. Dadurch unterstützt man Diebstahl und Hehlerei.

Der Prophet (s.a.w.s.) sagte:

„Wer wissentlich Diebesgut erwirbt, beteiligt sich an seiner (des Diebes) Sünde und Schande.“[137]

Zu Unrecht erworbene Dinge

Wenn eine Sache zu Unrecht erworben wurde, so muss man diese ihrem eigentlichen Besitzer aushändigen. Ist der Besitzer schon verstorben, übergibt man die Sache dessen Erben. Wenn man nicht weiß, wer der wahre Besitzer ist, so soll man das zu Unrecht erworbene Gut in seinem Namen an bedürftige Menschen spenden.

Als er von einer Beerdigung zurückkam, wurde der Prophet (s.a.w.s.) zu einem Essen eingeladen, das von einer Frau vom Stamm der Quraysch ausgegeben wurde. Als man ihm berichtete, dass der ihm servierte Braten *haram* sei, sagte er:

„Nehmt das weg und gebt es den Gefangenen.“[138]

Wenn die zu Unrecht erworbene Sache öffentliches Eigentum ist, dann sollte sie an öffentliche Einrichtungen gespendet werden, von denen alle profitieren, wie beispielsweise Moscheen, Schulen oder Krankenhäuser. Anschließend muss man die Tat aufrichtig bereuen *(Tewbeh)*.[139]

---

137 Dschami'u Saghir, 6/64.
138 Tirmidhi: Sawm, 3.
139 Ihya', 2/217.

Fundsachen

Gegenstände oder Gelder an sich zu nehmen, die man irgendwo findet, ist manchmal erlaubt *(mubah)*, manchmal empfohlen *(mendub* oder *mustehabb)*, manchmal verpflichtend *(wadschib)* und manchmal verboten *(haram)*:

- Es ist erlaubt, eine Fundsache an sich zu nehmen, wenn der Verdacht besteht, dass die Sache sonst endgültig verloren geht oder verdirbt, wenn man sie liegen lässt.
- Ist die Wahrscheinlichkeit groß, dass die Fundsache endgültig verloren geht oder verdirbt, ist es empfohlen, diese an sich zu nehmen.
- Ist man sich ganz sicher, dass die Fundsache endgültig verloren geht oder verdirbt, wenn man sie liegen lässt, dann ist es *wadschib*, diese an sich zu nehmen.
- Fundsachen an sich zu nehmen, um diese zu behalten, ist *haram*.

Wenn man eine Sache oder Geld findet, so muss man sich Zeugen dafür suchen, die bestätigen, dass man das Fundstück an sich genommen hat. Danach muss man in der näheren Umgebung der Fundstelle bekannt geben, dass man diese Sache gefunden hat. Wie lange man dies bekannt zu geben hat, richtet sich nach dem Wert der Fundsache: Beträgt ihr Wert weniger als zehn Dirham, so genügen einige Tage, beträgt der Wert mehr als zehn Dirham, so muss man den Fund ein ganzes Jahr lang bekannt geben.[140]

---

140 Vgl. El-Lubab fi Scherhil Kitab, Band II, Seite 119 f. Ein Dirham ist eine Silbermünze, die ca. drei Gramm wiegt. Ist eine Sache verderblich, dann muss sie nicht ein ganzes Jahr lang aufgehoben werden, sondern soll schon vorher gespendet werden, da das Verderbenlassen dieser Sache Verschwendung und damit *haram* ist.
Nach Meinung des Kommentators reicht es in der heutigen Zeit aus, das Fundstück in einem Fundbüro abzugeben und an der Fundstelle, oder am besten in einem Geschäft in der Nähe, einen gut sichtbaren

Der Finder muss das Fundstück so aufbewahren, dass es nicht verdirbt. Verdirbt es ohne dessen Verschulden,, so muss er nicht für den Schaden aufkommen, sonst schon. Hierbei gelten die gleichen Regeln wie für anvertrautes Gut *(Emaneh)*.

Nach Ablauf der Aufbewahrungsfrist sollte der Finder die Fundsache an Bedürftige spenden, da es unwahrscheinlich ist, dass der Besitzer noch danach sucht und weil ein weiteres Aufbewahren der Fundsache dazu führen würde, dass diese einem „toten Kapital“ gleichkommt, und eine Sache nicht zu nutzen ist auch eine Art von Verschwendung. Ist der Finder selbst ein Bedürftiger, so kann er die Fundsache behalten und für sich selbst nutzen.[141]

Die Vermietung von Geschäftsräumen

Es ist nicht erlaubt, Geschäftsräume an Personen zu vermieten, die darin Dinge tätigen, die islamrechtlich verboten sind. Denn dadurch trägt man zur Verbreitung von Verbotenem bei.

Die Bürgschaft gegen Bezahlung

Es ist nicht gestattet, einen Bürgen zu bestellen, der für die geleistete Bürgschaft eine Gegenleistung verlangt. Nur wenn man auf eine Bürgschaft unbedingt angewiesen ist, weil sonst ein Geschäft nicht zustande kommt oder Verluste drohen, darf ausnahmsweise auch eine Bürgschaft einer Person in Anspruch genommen werden, die dafür eine Gegenleistung fordert.

Zettel auszuhängen, auf dem man auf den Fund aufmerksam macht. Und Allah weiß es am besten!

141 Fiqhul Sunneh, 3/259.

Vom Almosengeben einer Frau aus dem Besitz ihres Mannes

Eine Frau darf Dinge aus dem Besitz ihres Ehemannes spenden, wenn deren Wert nicht die Grenzen ortsüblicher Almosen überschreitet und der Ehemann sich nicht explizit dagegen ausgesprochen hat. Überschreitet der Wert einer Sachspende aber den Wert einer ortsüblichen Spende, ist dazu das Einverständnis des Ehemannes erforderlich.

Der Verkauf veralteten Stiftungsinventars

Die Einrichtung einer Moschee oder einer anderen Stiftung darf nur verkauft werden, wenn sie so alt oder abgenutzt ist, dass sie für die Stiftung nicht mehr von Nutzen ist.

Die Entnahme von Geld- oder Sachmitteln aus dem Besitz der eigenen Kinder

Ein Vater darf aus dem Besitz seiner Kinder Geld- oder Sachmittel entnehmen, um damit notwendige Ausgaben zu decken, auch ohne die Kinder vorher um Erlaubnis zu bitten. Sind die Kinder aber dagegen, dann darf er nur so viel aus deren Besitz entnehmen, wie absolut notwendig ist. Sind die Kinder aber großzügig, dann darf der Vater auch mehr nehmen.

Annahme von Einladungen von Personen, deren Vermögen aus Geschäften stammt, die islamrechtlich verbotenen Geschäften sind

Der Einladung einer Person, deren Vermögen zu mehr als der Hälfte verbotener Herkunft ist, darf nicht nachgekommen werden. Weiß man aber, dass der Gastgeber die Kosten der Einladung aus dem Teil seines Vermögens deckt, den er legal erworben hat, dann darf man seine Einladung annehmen.

Andersherum darf man die Einladung einer Person annehmen, wenn man weiß, dass weniger als die Hälfte ihres Vermögens verbotener Herkunft ist. Weiß man aber, dass sie die Kosten der Einladung aus dem Teil ihres Vermögens deckt, den sie auf verbotene Weise erwirtschaftet hat, darf man ihrer Einladung nicht nachkommen.

Familie und Haushalt

Adoption

Adoption ist im Islam nicht erlaubt, egal ob der Vater des Kindes bekannt ist oder nicht. Gründe dafür finden sich unter anderem im Erbrecht und weil die Gefahr einer Vermischung von *Mahram* und Nicht-*Mahram* besteht.[142] Es wird aber im Islam als äußerst verdienstvoll angesehen, sich um Waisen und schutzlose Kinder zu kümmern und diese – ohne Adoption – in die Familie aufzunehmen, ihnen Schutz zu geben und Geborgenheit zu spenden.

Vom Schlafen zweier Personen in ein und demselben Bett

Wenn keine Notwendigkeit dafür besteht, dürfen weder zwei Männer noch zwei Frauen zusammen in ein und demselben Bett schlafen.[143]

Vom Trennen der Kinderbetten

Am besten ist es, die Kinder schon ab dem siebten Lebensjahr in getrennten Betten schlafen zu lassen. Mit Erreichen des 10. Lebensjahres ist dies aber Pflicht *(wadschib)*. Dazu sagte der Gesandte (s.a.w.s.):

„Trennt ihre Schlafplätze, sobald sie zehn Jahre alt sind.“[144]

---

142 Vgl. El-Ehzab, Vers 4f.

143 Bahrul Raik, 8/232.

144 Tahtawi, S. 139. Ḥadith: Sunen Ebu Dawud: Salah, 495.

Hundehaltung

Sich einen Hund im Haus zu halten ist verboten. Außerhalb des Hauses dürfen Hunde aber als Jagd- oder Wachhunde gehalten werden.

Vögel und Fische als Haustiere

Wenn man sich ausreichend um diese Tiere kümmert und Hygiene bei ihrer Haltung walten lässt, dann spricht nichts dagegen, Vögel im Käfig oder Fische im Aquarium zu halten.

Magie und Aberglaube

Zauberei

Alle Arten von Zauberei, Hexerei oder schwarzer Magie sind *haram*.

Der Gesandte (s.a.w.s.) sagte dazu:

„Haltet euch von den sieben Verderbnissen fern!“

Da fragten seine Gefährten:

„O Gesandter Allahs, welche sind diese?“

Er antwortete:

„Allah etwas beizugesellen, Zauberei, ein Menschenleben zu nehmen, das unter dem Schutz Allahs steht - außer wenn ein Recht dazu besteht, Zins zu nehmen, das Eigentum einer Waise aufzubrauchen, im Krieg zu desertieren und falsches Zeugnis gegen jemanden abzulegen.“[145]

Wahrsagerei

Bei den alten Arabern wurde mittels beschrifteter Pfeile wahrgesagt. Heutzutage wird aus Kaffeesatz oder Händen gelesen, werden Karten gelegt oder wird aus dem Stand der Sterne die Zukunft vorhergesagt. Alle Arten von Wahrsagerei sind verboten und daran zu glauben ist *haram*.

145 El-Bukhari: We'ayeh, 2615.

Der Glaube an Unglücksbringer

Der Glaube daran, dass es Dinge gibt, die Unglück bringen, stammt noch aus der vorislamischen Zeit. Der Gesandte (s.a.w.s.) sagte, als er von Umm Selemeh (r.a.) wegen eines Unglücks bemitleidet wurde:

> ***„Mir stößt kein Unglück zu, außer wenn es für mich (schon zuvor) niedergeschrieben wurde und im Lehm Adams (vorhanden) war.“***[146]

Dies zeigt, dass der Aberglaube an irgendwelche Unglücksbringer wie schwarze Katzen oder zerbrochene Spiegel nicht mit den islamischen Glaubensgrundsätzen zu vereinen ist.

Reinkarnation

Der Wiedergeburtsglaube widerspricht nicht nur dem Islam, sondern allen himmlischen Religionen. Hier seien nur ein paar wenige Glaubensgrundsätze des Islams genannt, die nicht damit vereinbar sind: Befragung im Grab, Bestrafung im Grab, Bestrafung und Belohnung am Tag des Gerichts.

Unerlaubte Neuerungen *(Bid'ah)*

Bid'ah ist eine Neuerung, die im Gegensatz zur *Sunneh* des Propheten (s.a.w.s.) und seiner Gefährten steht und erst nach deren Ableben aufgekommen ist. Damit eine Handlung als *Bid'ah* gilt, muss sie einen religiösen Bezug haben. Fehlt ein Bezug zur Religion, dann wird eine Neuerung nicht als *Bid'ah* betrachtet. So ist es keine unerlaubte Neuerung, mit Messer und Gabel zu essen oder einen Computer zu benutzen.

---

146 Ibn Madscheh: Tibb, 43

Soziales

Anderen gegenüber nachtragend sein

Es ist einem Muslim nicht gestattet, einem Glaubensbruder mehr als drei Tage lang eine Sache nachzutragen, außer wenn berechtigte Gründe dafür vorliegen.

Der Gesandte Allahs (s.a.w.s.) sagte dazu:

„Zürnt (einander) nicht und beneidet (einander) nicht und wendet (einander) nicht den Rücken zu! Seid, (o) Diener Allahs, Brüder! Einem Muslim ist es nicht erlaubt, seinem (Glaubens-)Bruder mehr als drei Tage aus dem Weg zu gehen.“[147]

Einem Muslim ist es also nicht erlaubt, seinem Glaubensbruder länger als drei Tage etwas nachzutragen. Wenn die drei Tage vorüber sind und er seinen Bruder trifft, so muss er ihn begrüßen und sich ihm gegenüber freundlich verhalten, damit dieser weiß, dass man ihm seinen Fehltritt verziehen hat. Allah ist der Allverzeihende und liebt die Verzeihenden!

Sind zwei Personen unversöhnlich miteinander zerstritten, so ist es die Pflicht aller anderen Glaubensbrüder, zwischen den beiden zu vermitteln und einen Friedensschluss zwischen ihnen herbeizuführen.

Allah der Erhabene fordert alle Muslime zur Vermittlung zwischen zerstrittenen Parteien auf:

147 Sunen Ebu Dawud: Edeb, 4910.

„Die Gläubigen sind Brüder. Darum stiftet unter euren Brüdern Frieden.“ [148]

Der Umstand, dass bei der Herbeiführung eines Friedensschlusses sogar die Lüge ein erlaubtes Mittel ist, zeigt, wie wichtig diese Angelegenheit ist.

Das Verspotten anderer

Es ist unter keinen Umständen erlaubt, sich über einen anderen Menschen lustig zu machen. Egal, ob es sich dabei um die Größe, die Figur, den Namen, die Herkunft oder die Hautfarbe eines Bruders im Islam handelt. Dies zerstört das gegenseitige Vertrauen und führt zu einer Schwächung des Zusammenhalts unter den Muslimen allgemein.

Im Edlen Quran heißt es dazu:

„O ihr, die ihr glaubt! Kein Volk soll über ein anderes spotten, vielleicht sind sie besser als jene, auch Frauen nicht über andere Frauen – vielleicht sind sie besser als jene. Verunglimpft einander nicht und gebt einander keine Schimpfnamen. Schlimm ist es, jemanden als sündhaft zu bezeichnen, nachdem er den Glauben angenommen hat, und wer es nicht bereut, tut Unrecht.“ [149]

148 El-Hudschurat, Vers 10.

149 El-Hudschurat, Vers 11. Wir sehen, dass in dieser Ayeh auch dem Rassismus eine klare Absage erteilt wird.

Argwohn

Ein Muslim sollte von seinem Bruder immer nur das Beste denken. Man darf erst dann argwöhnisch gegenüber einem Bruder sein, wenn man Beweise für seine Verdächtigungen hat. Dazu heißt es im Edlen Quran:

„O ihr, die ihr glaubt! Vermeidet häufige Vermutungen; denn manche Vermutungen sind Sünde.“[150]

Und der Prophet (s.a.w.s.) sagte:

„Nehmt euch vor der Mutmaßung (Argwohn) in Acht! Denn wahrlich, die Mutmaßung ist das Verlogenste von allem Gerede.“[151]

Die Bespitzelung der Mitmenschen

Anderen hinterher zu spionieren, ist *haram*. Einem Muslim ist es nicht erlaubt, das Geheimnis einer Person in die Öffentlichkeit zu tragen, wenn diese Person dies nicht will. Dazu heißt es im Edlen Quran:

„Und bespitzelt euch nicht und redet nicht hinter dem Rücken anderer schlecht übereinander.“[152]

Die Aufgabe des Muslims ist es nicht, Verfehlungen anderer aufzudecken, sondern seine eigenen Fehler ausfindig zu machen und an der Behebung dieser Fehler zu arbeiten.

---

150 El-Hudschurat, Vers 12. Imam El-Ghazali nennt den Argwohn die „Verleumdung mit dem Herzen“ und zählt ihn zu den großen Sünden.

151 Bukhari: Edeb, 5719.

152 El-Hudschurat, Vers 12.

Üble Nachrede *(Ghibeh)*

Üble Nachrede ist es, wenn man hinter dem Rücken einer Person über diese spricht und es sie verletzen würde, wenn ihr dies zu Ohren käme. Im Edlen Quran wird die *Ghibeh* mit dem Essen des Fleisches eines toten Bruders verglichen.[153]

Ebu Hurayra (r.a.) überliefert, dass der Gesandte (s.a.w.s.) seine Gefährten (r.a.) fragte:

„Wisst ihr, was Ghibeh ist?"

Sie antworteten:

„Allah und Sein Gesandter wissen es besser."

Da sagte er:

„Dass du etwas über deinen Bruder erzählst, das ihm nicht gefällt."

Da wurde er gefragt:

„Meinst du damit, dass ich etwas über meinen Bruder erzähle, das stimmt?"

Er antwortete:

„Wenn es zutrifft, was du über deinen Bruder erzählst, dann hast du Ghibeh gemacht, und wenn es nicht zutrifft, dann hast du ihn verleumdet."[154]

---

153 El-Hudschurat, Vers 12.
154 Muslim: Birr we Sileh, 2589.

Umstände, unter denen *Ghibeh* erlaubt ist

Unter folgenden Umständen ist *Ghibeh* erlaubt:

- Wenn einem Unrecht angetan wurde und man sich bei den zuständigen Behörden darüber beschweren möchte
- Jemandem von dem schlechten Verhalten einer Person zu erzählen, in der Hoffnung, dass dieser die Person dazu bringt, dieses schlechte Verhalten abzustellen.
- Wenn man um ein Rechtsurteil fragt und dabei den Namen einer Person nennen muss (zum Beispiel bei einer Scheidung oder bei schlechtem Verhalten des Ehepartners)
- Wenn man über eine Person befragt wird – beispielsweise von einem potentiellen Ehepartner dieser Person – dann muss man wahrheitsgemäß Auskunft geben
- Wenn jemand unter einem Namen bekannt ist, dann darf man ihn auch bei diesem Namen nennen[155]
- Sündigt jemand öffentlich, dann hat er seinen Schutz verloren und man darf davon jederzeit weitererzählen

Verleumdung *(Nemimeh)*

Üble Nachrede und Verleumdung durch die Verbreitung von Gerüchten ist im Islam strengstens verboten. Im Edlen Quran wird *Nemimeh* als Charakterschwäche verurteilt.[156] Der Prophet – Allahs Segen und Friede sei mit ihm – sagte dazu:

„Der Verleumder kommt nicht ins Paradies.“[157]

---

155 Bei den Arabern ist es weit verbreitet, Leute mit ihren Besonderheiten zu benennen, wie zum Beispiel „der Blinde“, „der Einäugige“, „der Humpler“ oder „der Bucklige“.

156 El-Qalem, Verse 10-14.

157 Bukhari: Edeb, 5709.

Das Bittgebet für einen Nichtmuslim

Man darf zwar nicht für einen Nichtmuslim um Vergebung bitten, aber für seine Rechtleitung darf und soll man durchaus beten.[158]

158 Ebd. 8/232.

Besondere Tage der Frau

Halal und *haram* während der Regelblutung

Während der Regelblutung sind folgende Handlungen *haram*:

1) **Das Gebet**
Eine Frau darf in der Zeit ihrer Regelblutungen weder Pflicht- noch *Sunneh*- oder freiwillige Gebete verrichten. Der Prophet (s.a.w.s.) sagte zu einer Frau, die ihn zur Regelblutung befragte:

„Lass das Beten sein, sobald deine Periode einsetzt. Wasche dich vom Blut rein (Ghusl) und verrichte das Gebet, sobald deine Periode geendet hat.“[159]

Ebenso wenig darf eine menstruierende Frau eine Rezitationsniederwerfung (*Sudschudul Tilaweh*) oder Dankesniederwerfung (*Sudschudul Schukr*) ausführen.

Die Frau braucht diejenigen Gebete, die sie während ihrer Periode nicht verrichten konnte, nicht nachzuholen. Begründung: Es wäre eine zu große Erschwernis für die Frauen, wenn sie all diese Gebete nachholen müssten. Daher hat der Gesetzgeber (Allah) hier eine Erleichterung für die Frauen geschaffen.

2) **Fasten**
Eine Frau in der Menstruation darf weder *Fard-*, *Wadschib*[160]- noch *Sunneh*-Fasten. Die Fastentage des Monats Ramadan, an denen sie nicht fasten darf, muss sie nachholen.

---

159 Bukhari: Eda (Hayd), 324.

160 *Wadschib* wird ein freiwilliges Fasten dann, wenn es abgebrochen

Unsere Mutter Aischa (r.a.) sagte:

„Wir bekamen zu Lebzeiten des Gesandten (s.a.w.s.) unsere Periode. Uns wurde, befohlen, das Fasten nachzuholen, uns wurde aber nicht befohlen, die Gebete nachzuholen.“[161]

Weil das Fasten nur einen Monat im Jahr vorgeschrieben ist, besteht keine allzu große Schwierigkeit darin, die versäumten Fastentage nachzuholen.[162]

Wenn ein *Fard* - oder *Nafileh*-Fasten[163] begonnen wurde und dieses wegen des Einsetzens der Monatsblutungen abgebrochen werden musste, so müssen diese Tage ebenfalls nachgefastet werden.[164]

3) **Das Umrunden der Kaaba *(Tawaf)***
Eine Frau die ihre Regelblutung hat, darf alle Bestandteile der Pilgerfahrt vollziehen, außer der siebenmaligen Umrundung der Kaaba.

Der gesegnete Prophet (s.a.w.s.) riet unserer geschätzten Mutter Aischa (r.a.), als sie auf Pilgerfahrt ihre Periode bekam:

---

wurde. Dann ist es Pflicht des Gläubigen, dieses Fasten nachzuholen.

161 Bukhari: Eda (Hayd), 315; Ebu Dawud: Tahareh, 262 und 263.

162 Die entsprechenden Tage müssen darüber hinaus auch nicht am Stück nachgefastet werden, sondern können nach und nach, auch mit Unterbrechungen, nachgeholt werden.

163 *Wadschib*-Fasten ist das Fasten wegen eines Gelübdes, das man abgelegt hat; *Nafileh*-Fasten ist freiwilliges Fasten.

164 Laut schafi'itischer Rechtsschule muss ein *Nafileh*-Fasten, das begonnen aber nicht beendet wurde, nicht nachgefastet werden.

„Mache alles, was der (normale) Pilger macht, nur (mit) dem Tawaf um das Haus (warte solange,) bis du (wieder) sauber bist“[165]

Wenn eine Frau die Regel bekommt, bevor sie den *Tawaful Ziyareh*[166] durchführen konnte, so wartet sie solange damit, bis sie wieder „rein“ ist und umrundet erst dann die Kaaba. Sollte sie die Kaaba vor dem Abklingen ihrer Blutungen umkreisen, so ist dieser *Tawaf* zwar gültig, er ist aber *mekruh tahrimen*. Als Strafe für dieses Vergehen muss sie ein Kamel oder ein Rind opfern. Wenn sie jedoch nach ihrer Reinigung den *Tawaf* erneut durchführt, braucht sie kein Tier zu opfern.[167]

4) Quranlesen

Eine menstruierende Frau darf nicht aus dem Edlen Quran rezitieren. Dazu sagte der Gesegnete Prophet (s.a.w.s.) Folgendes:

„Weder eine Frau, die ihre Menstruation hat, noch eine Person die sich im Zustand der großen rituellen Unreinheit befindet (dschunub), darf etwas vom Quran rezitieren.“[168]

Es ist einer menstruierenden Frau aber erlaubt, Quranverse, die die Bedeutung eines Bittgebetes (*Du'a'*) enthalten,

165 Bukhari: Eda (Hayd), 299.

166 Der *Tawafu Ziyareh* ist die „Besuchsumkreisung“ und ein Pflichtbestandteil der *Hadsch*. Diesen vollzieht der Pilger, wenn er am Tag des Opferfestes wieder nach Mekka zurückgekehrt ist, oder in den drei Festtagen danach.

167 Nach der schafi'itischen Rechtsschule wird ein solcher *Tawaf* während der Regelblutung nicht anerkannt. Die Reinheit (*Tahareh*) ist hierbei eine Voraussetzung für die Gültigkeit des *Tawaf*.

168 Tirmidhi: Tahareh, 131.

zu rezitieren. In diesem Fall dürfen Bittgebetsverse aber ausschließlich mit der Absicht eines Bittgebets und nicht mit der Absicht der Rezitation des Edlen Quran rezitiert werden. Außerdem dürfen keine Quranverse, die nicht die Bedeutung eines Bittgebets enthalten, mit der Absicht eines Bittgebetes rezitiert werden.[169] Eine Quranlehrerin darf während ihrer Periode unterrichten, wenn sie die einzelnen Wörter bei der Aussprache klar voneinander trennt.[170]

5) **Das Berühren des Edlen Quran**
Nicht nur die Quranrezitation, sondern auch das bloße Berühren des heiligen Buches ist in der Phase der Monatsblutungen verboten. Befindet sich der Edle Quran jedoch in seinem Futteral oder einer anderen isolierten Hülle, so darf er berührt werden.[171] Dazu heißt es im Edlen Quran:

„Keiner darf ihn (den Edlen Quran) berühren, außer den Reinen.“[172]

---

169 Eine Ansicht in der schafi'itischen Rechtsschule besagt, dass eine menstruierende Frau den gesamten Edlen Quran mit der Absicht des *Dhikr* lesen darf (Mughni, 1/73). Ein Gelehrter unserer Zeit, M. Muhyiddin Havili, beruft sich auf diese Ansicht und sagt, dass eine Quranlehrerin aus dem Edlen Quran vorlesen darf, wenn sie die Absicht hat, diesen zu lehren (Risaletul Esas fi Ehkamil Haydi wel Nifas, S. 7).

170 El-Fetawal Hindiyye, 1/38; Tahtawi, S. 114. Nach der malikitischen Rechtsschule darf eine Frau während der Regelblutung den Edlen Quran aus dem Gedächtnis rezitieren. Sie darf auch im Edlen Quran lesen, wenn sie diesen nicht berührt. Wenn die Blutung jedoch aufgehört hat, muss sie erst den *Ghusl* durchführen, bevor sie wieder im Edlen Quran lesen darf. (Cevheretü'l-Iklîl, 1/32).

171 Nach der schafi'itischen Rechtsschule darf der Edle Quran auch dann nicht berührt werden.

172 El-Waqi'ah, Vers 79.

Und der Prophet (s.a.w.s.) sagte dazu:

„Den Quran darf nur ein Reiner berühren.“[173]

6) Das Betreten der Gebetsräume *(Mesdschid)*

Eine *Mesdschid* ist ein Raum, der für Gottesdienste - wie das Gebet - reserviert ist, also beispielsweise eine Moschee. Personen, die sich im Zustand großer ritueller Unreinheit befinden, dürfen keine *Mesdschid* betreten; dies gilt auch für Frauen in der Periode. Nur in Ausnahmesituationen, beispielsweise wenn sie sich bedroht fühlt oder vor starkem Regen Zuflucht sucht, darf eine menstruierende Frau eine *Mesdschid* betreten. Sie sollte aber aus Respekt vor dem Gebetsraum vorher einen *Teyemmum* (Erdreinigung) durchführen.

Dazu sagte der Gesegnete Prophet (s.a.w.s.):

„Der (Aufenthalt) in einer Mesdschid ist weder einer Menstruierenden noch einer Person, die sich im Zustand der großen rituellen Unreinheit befindet (dschunub), erlaubt.“[174]

7) Geschlechtsverkehr

Der Geschlechtsverkehr mit seiner menstruierenden Ehefrau ist einem Mann absolut verboten. Die Frau macht sich ebenfalls schuldig, wenn sie dieser Tat zustimmt. Solch eine Tat ist eine große Sünde (*Kebirah*) und muss im

---

173 Binaye, 1/646. Nach der malikitischen Rechtsschule darf sowohl die Quranschülerin als auch die Quranlehrerin den Edlen Quran berühren (Cevheretü'l-Iklîl, 1/32).

174 Sunen Ebu Dawud: Tahareh, 232. Nach der schafi'itischen Rechtsschule darf eine Frau während der Regel den Gebetsraum durchqueren, wenn sie diesen dabei nicht verunreinigt.

Diesseits aufrichtig bereut werden (*Tewbeh*), damit sie im Jenseits nicht bestraft wird. Dazu heißt es im Edlen Quran:

„So haltet euch von den Frauen während der Monatsblutung fern, und kommt ihnen nicht nahe, bis sie rein sind.“[175]

Ebenso ist es dem Mann nicht erlaubt, seine Frau zwischen Bauchnabel und Knien zu berühren, wenn dieser Bereich unbedeckt ist, auch dann nicht, wenn dies ohne Begierde geschieht.[176]

Der Gesandte Gottes (s.a.w.s.) beantwortete die Frage eines seiner Gefährten, wie er denn mit seiner Frau während ihrer Periode verkehren könne, folgendermaßen:

„Der Bereich oberhalb ihres Bauchnabels steht dir zur freien Verfügung.“[177]

Hält die Blutung länger als zehn Tage an, ist der Geschlechtsverkehr nach Ablauf des zehnten Tages auch ohne vorangegangenen *Ghusl* (große rituelle Gebetswaschung) wieder erlaubt. Wenn die Blutung jedoch innerhalb der Zehntagesfrist endet, ist es nicht gestattet, sofort mit der Frau zu schlafen, sondern sie muss zuerst den *Ghusl* vollziehen. Erst wenn sie eine komplette Gebetszeit verstreichen ließ ohne zu beten[178] oder ein Gebet – selbst

---

175 El-Baqarah, Vers 222.

176 Nach Imam Muhammed ist für den Mann nur die Vagina seiner Frau während ihrer Periode tabu. Die Berührung aller anderen Körperstellen ist ihm erlaubt (Reddul Muhtar, 1/292).

177 Neylul Ewtar, 1/277.

178 Lässt die Frau aber eine Gebetszeit verstreichen, ohne zu beten, so macht sie sich einer großen Sünde schuldig und muss ihre Tat aufrichtig bereuen und sich vornehmen, diese Tat nie wieder zu begehen.

wenn dies nur ein *Nafileh*-Gebet war – aus berechtigten Gründen mit *Teyemmum* verrichtete, darf ihr Mann, auch ohne dass sie zuvor den *Ghusl* durchgeführt hat, mit ihr schlafen. Trotzdem ist es auch in diesem besonderen Fall *mustehabb*, dass sie zuerst den *Ghusl* vollzieht, bevor sie mit ihrem Mann schläft.

Ebenfalls *mustehabb* ist es, dass der Mann eine Spende als Kompensation gibt, wenn er mit seiner Frau während ihrer Periode den Geschlechtsakt vollzogen hat. Wenn sich dieser Vorfall in den ersten Tagen der Regel ereignete, so spendet er einen Dinar (4,25 Gramm Gold), ereignete sich dies in den letzten Tagen der Periode, so spendet er einen halben Dinar.[179]

8) **Die Scheidung**
Die Scheidung von einer menstruierenden Frau ist nicht erlaubt, aber dennoch rechtsgültig. Solch ein Vorgang wird *Talaqul bid'ah* genannt.[180]

Handlungen, die während der Zeit des Wochenbettes verboten sind

Alle Handlungen die während der Menstruation verboten sind, sind auch während des Wochenbettes verboten.

179 In einer anderen Aussage heißt es: Ist das Blut der Frau noch dunkel („schwarz"), so soll er einen ganzen Dinar spenden; ist das Blut der Frau schon hell („gelb"), so soll er einen halben Dinar spenden; Tahtawi, Band I, S. 208 f. Nach der hanbelitischen Rechtsschule spielt der Zeitpunkt keine Rolle: Der Mann muss in beiden Fällen einen Dinar spenden.

180 Reddul Muhtar, 291; Tahtawi, S. 113; El-Fetawal Hindiye, 1/38; El-Fiqhul Islami, 1/468.

Handlungen, die einer menstruierenden Frau verboten, aber einer Person im Zustand der großen rituellen Unreinheit *(dschenabeh)* erlaubt sind

Frauen, die ihre Monatsblutungen haben, dürfen weder fasten noch mit ihrem Mann schlafen, Frauen im Zustand der großen rituellen Unreinheit dürfen dies hingegen schon.

Handlungen, die Personen im Zustand der großen rituellen Unreinheit verboten, aber Personen im Zustand der kleinen rituellen Unreinheit erlaubt sind

Personen ohne gültigen *Ghusl* (rituelle Ganzkörperwaschung) dürfen weder Quran lesen noch eine Moschee betreten; Personen ohne gültigen *Wudu* (rituelle Teilkörperwaschung, Gebetswaschung) hingegen dürfen dies.[181]

---

181 Personen ohne kleine rituelle Waschung *(Wudu)* dürfen aber den Quran beim Lesen nicht berühren.

Heirat

Von der Pflicht zu heiraten und dem Verbot zu heiraten

Ob ein Mann heiraten soll oder nicht, hängt von verschiedenen Faktoren ab. Je nachdem, ob diese erfüllt sind oder nicht, ist es *fard*, *wadschib*, *sunneh*, *mekruh tahrimen* oder *haram* für ihn, zu heiraten:

- Es ist *fard* (absolute Pflicht) zu heiraten, wenn man sich sicher ist, dass man ohne zu heiraten Unzucht begehen würde, und man auch die finanziellen Mittel dazu besitzt, das Brautgeld zu bezahlen und für den Unterhalt der Frau aufkommen zu können.
- Es ist *wadschib* (verpflichtend) zu heiraten, wenn man sich nicht sicher ist, sich von Unzucht fernhalten zu können.
- Es ist *sunneh* zu heiraten, wenn man sich sicher ist, sich auch ohne zu heiraten von der Unzucht fernhalten zu können.
- Es ist *mekruh tahrimen* zu heiraten, wenn die Wahrscheinlichkeit dazu besteht, dass ein Mann seiner Frau gegenüber ungerecht ist, nachdem er sie geheiratet hat.[182]
- Es ist *haram* zu heiraten, wenn ein Mann sich sicher ist, seiner Frau gegenüber ungerecht zu sein, nachdem er sie geheiratet hat oder wenn er sich sicher ist, seinen ehelichen Pflichten seiner Frau gegenüber nicht nachkommen zu können

Frauen, um deren Hand ein Mann nicht anhalten darf

Folgenden Frauen darf ein Mann keinen Heiratsantrag machen:

182 Reddul Muhtar, 3/6.

- Frauen, die zwar geschieden sind, aber deren Wartefrist noch nicht abgelaufen ist[183]
- Verwitwete Frauen, deren Wartefrist noch nicht abgelaufen ist[184]
- Frauen, die sich schon mit einem anderen Mann auf eine zukünftige Eheschließung geeinigt haben

Das Betrachten des potenziellen Ehepartners vor der Eheschließung

Es ist *sunneh*, die Person, die man ehelichen will, vorher zu sehen. Beweis: Mughirah Ibn Schughbeh (r.a.) wollte um die Hand einer Frau anhalten. Da sagte der Prophet (s.a.w.s.):

„Sieh sie dir an! Denn es ist besser (für euch), wenn ihr euch sympathisch findet.“ [185]

Mann und Frau dürfen sich vor der Ehe nur in Gegenwart eines ihrer nahen Verwandten *(Mahram)* treffen. Der Mann darf dabei nur das Gesicht und die Hände der Frau betrachten, denn dies reicht für ihn aus, um festzustellen, ob sie seinen Vorstellungen entspricht oder nicht. [186]

Verlobung

Eine Verlobung ist das gegenseitige Versprechen zu heiraten, das sich ein Mann und eine Frau geben. Die Verlobung ist nur eine

183 Eine Frau muss für gewöhnlich drei Monatsblutungen abwarten, bis sie endgültig von ihrem Mann geschieden ist.

184 Eine Frau muss vier Monate und zehn Tage nach dem Tod ihres Mannes verstreichen lassen, bis sie wieder heiraten darf. Schwangere dürfen erst nach der Geburt erneut heiraten.

185 Sunenu Tirmidhi: Nikah, 1087.

186 Reddul Muhtar, Band 9, S. 611.

Vorstufe der Heirat. Deshalb ist es den beiden Verlobten nicht erlaubt, sich ohne Anwesenheit Dritter in ein und demselben Raum aufzuhalten. Auch dürfen sie erst dann miteinander ausgehen, nachdem sie geheiratet haben. Solange sie nur verlobt sind, sind sie islamrechtlich Fremde und es ist ihnen im Umgang miteinander alles verboten, was fremden Personen im Umgang miteinander auch verboten ist.[187]

Aussagen wie „wenn man sich das Heiratsversprechen gegeben hat und die Hochzeit bereits beschlossen ist, dann sind Mann und Frau einander schon erlaubt“ sind unislamisch, stammen vom verfluchten Scheytan und sind eine eindeutige Aufforderung zur Unzucht.

Auflösung einer Verlobung

Wenn eine Verlobung aufgelöst wird, dann gibt die Frau dem Mann alle Geschenke zurück, die er ihr mit der Absicht gab, sie zu heiraten. Dabei spielt es keine Rolle, wer von den beiden die Verlobung aufgelöst hat.[188]

Mitgift *(Mehr)*

Der Ehemann ist dazu verpflichtet, seiner Frau ein Brautgeld *(Mehr)*zu bezahlen. Zu weiteren Zahlungen ist er allerdings nicht verpflichtet, erst recht nicht dazu, seine zukünftige Frau ihrer Familie „abzukaufen“. Dies ist ein barbarischer Brauch, der den

---

187 El-Fiqhul Islami, 7/23

188 Fiqhu Sunneh, 2/33. Nach der malikitischen Rechtsschule braucht man die Geschenke nicht zurückzugeben, wenn die Verlobung seitens des Mannes aufgelöst wurde.

Traditionen des Islam entgegenläuft und der jungen Familie den Start in ein eigenständiges Leben zusätzlich erschwert.

Mehrehe des Mannes

Es gibt mehrere Gründe dafür, warum im Islam die Mehrehe muslimischer Männer erlaubt ist[189]:

1. Der Islam ist eine Religion, die nicht an eine gewisse Region oder ein gewisses Zeitalter gebunden ist. Der Islam gibt Antworten auf alle Fragen in allen Zeiten und an allen Orten, denn er ist die reine und unverfälschte Religion Allahs. In den periodisch wiederkehrenden Zeiten, in denen es vermehrt Kriege gibt, verringert sich automatisch die Zahl der Männer und es entsteht ein Frauenüberschuss. Alle Frauen – egal ob Jungfrau oder Kriegerwitwe – haben aber das Bedürfnis, zu heiraten. Ihre Versorgung zu sichern und ihr Bedürfnis nach familiärer Geborgenheit zu stillen, ist ein erster Grund für die Erlaubnis der Mehrehe.
2. Es gibt Männer, die einen starken Sexualdrang oder einen großen Kinderwunsch haben. Befinden sich solche Männer in einer Ehe mit einer Frau, die sexuell eher desinteressiert oder unfruchtbar ist und so dem Wunsch des Mannes nach sexueller Befriedigung oder Nachkommen nicht erfüllen kann, so gibt es die Möglichkeit für den Mann, sich eine zweite Frau zu nehmen. Der Mann bleibt dadurch vor Unzucht bewahrt, sein Kinderwunsch wird gestillt und die (erste) Frau kann in der Ehe mit ihm verbleiben und wird weiterhin von ihm versorgt, beschützt und behütet.

---

189 Wenn eine Frau sich davor schützen will, dass ihr Mann später noch andere Frauen heiratet, so kann sie dies vorab in einem Ehevertrag festschreiben lassen.

3. In den Ländern, in denen die Monogamie (Einehe) gesetzlich festgelegt ist, pflegen Männer viel häufiger außereheliche Beziehungen, als in Ländern, in denen die Vielehe erlaubt ist. Dies hat negative Auswirkungen auf den Zusammenhalt der Familie und das moralische Fundament der Gesellschaft.

In all diesen Fällen ist die Erlaubnis zur Vielehe aber an das Gebot der Gerechtigkeit gegenüber allen Ehefrauen gebunden. Ungerechten Männern ist es verboten, mehr als eine Frau zu heiraten.[190]

Das Verbot für die Frau, mehr als einen Mann zu heiraten

Allah der Erhabene hat Frauen und Männer mit unterschiedlichen Fähigkeiten erschaffen und ihnen unterschiedliche Rollen in der Familie zugeteilt. Frauen sind von ihren natürlichen Veranlagung *(Fitreh)* her für die Geburt von Kindern geschaffen. Hat eine Frau nun mehrere Ehemänner, so lässt sich die Herkunft des Kindes nicht feststellen; dies schwächt die Familienbindung, weil sich keiner der Männer für das Kind zuständig fühlt. Familien zerbrechen und die Gesellschaft degeneriert. Andersherum stärkt die gemeinsame Sorge um die gemeinsamen Kinder die Bindung zwischen Ehemann und Ehefrau und somit auch die Familienbindung. Dies stärkt auch die moralische Gesundheit der Gesellschaft, denn intakte Familien sind das Fundament einer jeden Gesellschaft.

Ein weiterer Grund für das Verbot der Mehrehe für Frauen ist, dass die Frau – wegen ihrer Aufgaben im Haus und der Familie

---

190 Haramlar ve Helaller, S. 95.

– nicht dazu in der Lage ist, ihren ehelichen Pflichten mehreren Männern gleichzeitig gegenüber nachzukommen.[191]

Eheschließung

Die Zeitehe *(Mut'a)*

Eine Zeitehe ist eine Form des befristeten Zusammenlebens zweier Eheleute. Die beiden Partner geben sich dabei das Eheversprechen für einen genau bestimmten Zeitraum. Läuft diese Frist ab, dann ist die Ehe automatisch beendet. Hierbei bezahlt der Ehemann ein Brautgeld an seine Frau und es sind keine Trauzeugen nötig, die den Eheschluss bezeugen. Sinn solch einer Ehe ist letztlich einzig und allein die Befriedigung sexueller Begierde.

In der vorislamischen Zeit waren Unzucht und zeitlich begrenzte Ehen weit verbreitet. Um die ersten Muslime allmählich von diesen Bräuchen zu entwöhnen und ihnen eine Übergangsfrist zu verschaffen, bis das neue Heiratssystem des Islam greifen konnte, hat der Prophet (s.a.w.s.) die Zeitehe nicht sofort verboten, sondern situationsbedingt manchmal erlaubt und manchmal verboten. Endgültig wurde die Zeitehe erst mit der Eroberung Mekkas verboten. Alle Sahabeh und alle Imame der vier Rechtsschulen sind der Meinung, dass dieses letzte Verbot uneingeschränkte Rechtswirkung besitzt.

Das Institut der Ehe ist im Islam eben kein Vertrag, der für ein paar Tage zur gegenseitigen Lustbefriedigung geschlossen wird, sondern es ist ein Bund, der fürs ganze Leben eingegangen wird, um eine Familie zu gründen, Kinder im Islam großzuziehen

191 Ebd., S. 96.

und sich gegenseitig auf dem Weg Allahs des Erhabenen zu unterstützen und in der religiösen Entwicklung voranzubringen.[192]

Frauen, die ein Mann nicht heiraten darf

Das Eheverbot mit gewissen Frauen ist in zwei Kategorien unterteilt: uneingeschränktes Verbot und zeitlich befristetes Verbot.

Uneingeschränktes Eheverbot

a) Eheverbot mit Frauen aufgrund der Blutsverwandtschaft zu ihnen

Sieben Kategorien von Frauen sind wegen ihrer Abstammung einem Mann auf ewig zur Heirat verboten:

1. **Mütter**: Das Ehelichen der eigenen Mutter ist genauso verboten wie das Ehelichen der Groß-, Urgroßmütter usw., egal ob väterlicher- oder mütterlicherseits.
2. **Töchter**: Das Ehelichen der eigenen Töchter ist genauso verboten wie das Ehelichen der eigenen Enkelinnen, Urenkelinnen usw.
3. **Schwestern**: Das Ehelichen der eigenen Vollschwestern ist genauso verboten wie das Ehelichen von Halbschwestern väterlicher- und mütterlicherseits.
4. **Tanten väterlicherseits:** Das Ehelichen der Vollschwestern des Vaters ist genauso verboten wie das Ehelichen von Halbschwestern des Vaters, sowohl väterlicher- als auch mütterlicherseits des Vaters. Ebenfalls ist es nicht

192 Haramlar ve Helaller, S. 94. Nichtsdestotrotz ist die Beendigung des Eheverhältnisses durch Scheidung erlaubt.

erlaubt, die Schwestern des Großvaters (Großtanten) und Urgroßvaters (Urgroßtanten) usw., sowohl väterlicher- als auch mütterlicherseits des Vaters, zu ehelichen

5. **Tanten mütterlicherseits:** Das Ehelichen der Vollschwestern der Mutter ist genauso verboten wie das Ehelichen von Halbschwestern der Mutter, sowohl väterlicherseits als auch mütterlicherseits der Mutter.
6. **Töchter des Bruders**: Das Ehelichen der Töchter der eigenen Vollbrüder ist ebenso verboten wie das Ehelichen der Töchter von Halbbrüdern, sowohl väterlicher- als auch mütterlicherseits
7. **Töchter der Schwester:** Das Ehelichen der Töchter der Vollschwestern ist ebenso verboten wie das Ehelichen der Töchter der Halbschwestern, sowohl väterlicher- als auch mütterlicherseits

b) Eheverbot mit Frauen wegen Verschwägerung mit ihnen

Vier Arten von Frauen sind, wegen der Verwandtschaft durch Verschwägerung, einem Mann auf ewig verboten:

1. **Schwiegermütter**: Das Ehelichen der Mutter der eigenen Frau ist genauso verboten wie die Ehelichen der Mutter der Schwiegermutter und der Mutter des Schwiegervaters
2. **Stieftöchter:** Sobald ein Mann Geschlechtsverkehr mit einer Frau hatte, sind ihm alle Töchter, Enkelinnen und Urenkelinnen usw. aus allen früheren Beziehungen der Frau verboten.
3. **Schwiegertöchter**: Einem Mann sind sowohl die ehemalige Frau des eigenen Sohnes als auch die Schwiegertochter des eigenen Sohnes und die Schwiegertochter der eigenen Tochter verboten.

Das Ehelichen der ehemaligen Frau des Stiefsohnes ist aber erlaubt.

4. **Stiefmütter**: Einem Mann ist das Ehelichen der ehemaligen Frau des Vaters (Stiefmutter) genauso verboten wie das Ehelichen der ehemaligen Frau des Großvaters (Stiefgroßmutter).

c) Frauen, die einem Mann wegen der „Milchverwandtschaft"[193] zu ihnen verboten sind

- Für Frauen, mit denen eine Milchverwandtschaft besteht, gelten dieselben Regeln wie für Frauen, mit denen man verwandt ist. Ist es einem Mann also verboten, eine Blutsverwandte zu ehelichen (z. B. die eigene Schwester, Tochter, Nichte), so darf er auch das entsprechende Äquivalent der Milchverwandtschaft (z. B. Milchschwester, Milchtochter, Milchnichte) nicht heiraten. Genauso wie einem Mann die angeheiratete Verwandtschaft, wie etwa Schwiegermütter, zu ehelichen nicht erlaubt ist, so ist es auch nicht erlaubt, die Milchschwiegermütter, Milchstieftöchter, Milchschwiegertöchter und Milchstiefmütter zu ehelichen.

Zeitlich befristetes Eheverbot

Es gibt mehrere Gründe, warum ein zeitlich befristetes Eheverbot für Frauen bestehen kann. Fällt der Grund des Eheverbots weg, so fällt auch das Verbot weg und die Frau darf geheiratet werden.

193 Milchverwandtschaft mit einer fremden Familie entsteht, wenn das eigene Kind die Muttermilch der Frau (aus der fremden Familie) trinkt, oder das andere Kind die Muttermilch der eigenen Frau trinkt.

Es gibt sechs Arten von Frauen, für die ein zeitlich befristetes Eheverbot besteht:

1. **Eine Frau, von der sich der Mann dreimal scheidet.** Wenn sich ein Mann dreimal von einer Frau geschieden hat, darf er sie nicht erneut heiraten. Erst nachdem sie einen anderen Mann geheiratet hat und dieser verstorben ist oder sich von ihr scheiden ließ, darf ihr Exmann sie erneut heiraten.[194]
2. **Eine fünfte Frau**. Hat ein Mann schon vier Frauen, dann darf er keine fünfte Frau mehr heiraten.
3. **Zwei Frauen, die miteinander verwandt sind**. Ein Mann darf nicht zwei Frauen heiraten, die nah miteinander verwandt sind. Beispiel: Man darf nicht gleichzeitig mit einer Frau und deren Schwester oder einer Frau und deren Tante verheiratet sein.
4. **Die Frau eines anderen.** Da Frauen nicht mehr als einen Mann heiraten dürfen, ist es nicht gestattet, die Frau eines anderen Mannes zu heiraten.
5. **Frauen, die in der *Iddeh* sind**. Man darf keine Frau heiraten, die sich noch in der Wartefrist (*Iddeh*) der Verwitwung oder Scheidung befindet.
6. **Nichtmuslimische Frauen, die nicht zum „Volk des Buches“ *(Ehlul Kitab)* gehören.** Ein muslimischer Mann darf keine nichtmuslimische Frau, die nicht zum Volk des Buches (Juden und Christen) gehört, heiraten. Muslimische Frauen dürfen unter keinen Umständen einen nichtmuslimischen Mann heiraten, egal ob dieser dem Christentum, Judentum oder einer anderen Religion angehört.[195]

194 Dabei muss sie dann noch die Wartefrist (*Iddeh*) abwarten, bevor sie heiraten darf.
195 El-Ikhtiyar, 3/84/88.

Scheidung

Haram-Scheidungen

Eine Scheidung ist in drei Fällen verboten (*haram*):

1. Während der Regelblutung der Frau
2. In der rituell reinen Zeit der Frau (*Tuhr*) zwischen zwei Regelblutungen, wenn sie in dieser mit ihrem Mann Geschlechtsverkehr hatte
3. Die mehrmalige Scheidung innerhalb einer einzigen rituell reinen Zeit der Frau (*Tuhr*) durch das ein- oder mehrmalige Aussprechen einer Scheidungsformel.[196]

Diese Art der *Haram*-Scheidungen nennt man *Talaqul bid'ah.* Solche Scheidungen sind zwar verboten, aber trotzdem rechtsgültig. Das Gegenteil von *Talaqul bid'ah* ist *Talaqul sunni.* Dies ist die Scheidung nach dem Vorbild der *Sunneh*: Der Mann scheidet sich von seiner Frau in drei reinen Fristen, in denen sie keinen Geschlechtsverkehr miteinander gehabt haben, jeweils mit dem *Talaqul redsch'i.*[197] Damit ist man bis zum Ablauf ihrer *Iddeh* dreimal von ihr geschieden und die Scheidung ist damit endgültig.

196 Medschme'ul Enhur, 1/382. Nach der schafi'itischen Rechtsschule ist es nicht verboten, sich von einer Frau innerhalb eines einzigen reinen Zeitraums zwischen zwei Regelblutungen durch das mehrmalige Aussprechen der Scheidungsformel zu scheiden.

197 Talaqu redsch'i (Scheidung unter Vorbehalt) ist eine Scheidungsform, bei der dem Mann das Recht gegeben wird, seine Frau wieder in die Ehe zurückzunehmen, solange ihre *Iddeh* noch nicht abgelaufen ist. Nimmt er sie nicht zurück und läuft ihre *Iddeh* ab, dann ist sie von ihm rechtsgültig geschieden: Wenn er sie nach einer ein- oder zweimaligen Scheidung zurücknehmen will, dann benötigt er ihr Einverständnis, um sie erneut heiraten zu können und er muss ihr erneut ein Brautgeld bezahlen. Wenn er sie nach einer dreimaligen Scheidung erneut heiraten will, dann muss sie zuvor mit einem anderen Mann verheiratet

Sich erneut mit der geschiedenen Ehefrau vermählen

Eine neuerlich Vermählung mir einer Frau, von der man sich endgültig scheiden ließ (durch dreimalige Scheidung), ist nur möglich, wenn die folgenden vier Voraussetzungen erfüllt sind:

1. Die Frau muss nach der Scheidung von ihrem Mann die Wartefrist *(Iddeh)* einhalten.
2. Danach muss sie mit einem anderen Mann eine rechtsgültige Ehe eingegangen sein.
3. In dieser Ehe muss sie mit ihrem neuen Mann Geschlechtsverkehr gehabt haben.
4. Sie muss von ihrem neuen Ehemann rechtsgültig geschieden werden, oder dieser verstirbt oder die Ehe wird annulliert.

Solch eine Zwischenehe nennt man *Telil.* Damit diese Zwischenehe eine erneute Heirat mit dem vormaligen Ehemann legitimiert, muss die Frau diese Ehe freiwillig eingegangen sein. Außerdem muss die Absicht zu dieser Ehe auf beiden Seiten aufrichtig sein und es darf sich nicht um eine Zeitehe oder zeitlich befristete Ehe handeln.

Deshalb ist es verboten, eine Ehe einzugehen, die nur auf die Freisprechung für die Ehe mit dem vorherigen Ehemann abzielt und bei der eine spätere Scheidung schon vor der Eheschließung vereinbart wird.

Der Prophet (s.a.w.s.) sagte dazu:

„Allah verflucht den Legitimierenden [der Ehe mit dem vormaligen Ehemann] und den, der [die Ehe für sich] legitimieren lässt.“ [198]

---

gewesen sein und von diesem wieder geschieden worden sein.

198 Ebu Dawud: Nikah, 2076; Tirmidhi: Nikah, 28.

Mahram und Nicht-*Mahram*

Als *Mahram* werden nur Personen bezeichnet, für die ein uneingeschränktes Eheverbot besteht. Frauen, für die nur ein zeitlich befristetes Eheverbot besteht, wie beispielsweise die Schwägerin, zählen nicht zum *Mahram*, sondern ebenso wie alle Personen die man uneingeschränkt heiraten darf zum Nicht-*Mahram*; sie gelten also islamrechtlich als Fremde.

Verbote im Umgang mit Personen des Nicht-*Mahram*

Folgende Dinge sind mit Nicht-*Mahram*-Personen des anderen Geschlechts nicht erlaubt:

- Berührungen aller Art, einschließlich des Handschlags zur Begrüßung
- Sich mit einem Nicht-*Mahram* des anderen Geschlechts alleine in einem Raum aufzuhalten *(Khalweh)*
- Die gemeinsame Reise mit einem Nicht-*Mahram* des anderen Geschlechts
- Betrachtung des Schambereichs *(Awreh)* von einem Nicht-*Mahram* des anderen Geschlechts

Bei Personen, die zum *Mahram* einer anderen Person zählen, sind die ersten drei Punkte erlaubt und zusätzlich darf der Mann den kompletten Körper einer Frau, die zu seinem *Mahram* zählt, betrachten, außer ihren Rücken, ihren Bauch und den Bereich zwischen ihrem Bauchnabel und ihren Knien.

Musaharah (angeheiratete Verwandtschaft)

Mit *Musaharah* bezeichnet man diejenige Verwandtschaft, die durch Verschwägerung entsteht, also angeheiratet wird.

Hurmetul Musaharah (Eheverbot mit angeheirateter Verwandtschaft)

Heiratet man eine Frau, so werden deren Mutter, Großmutter usw. und deren Töchter und Enkeltöchter wegen der angeheirateten Verwandtschaft zu ihnen für einen Mann zu Personen, die er nicht heiraten darf.[199]

199 Hindiyye, 1/274.

Halal und *Haram* im Geschäftsleben

Haram bei Kaufgeschäften

Bei Kaufgeschäften sind folgende Dinge *haram*:

a) **Verkauf von unreinen oder verunreinigten Dingen**
Der Verkauf von Wein, Schweinefleisch, dem Fleisch von Tieren, die nicht nach den islamischen Vorschriften geschlachtet wurden, Blut oder anderen Dingen, deren Konsum einem Muslim nicht gestattet ist, ist verboten. Ebenfalls nicht erlaubt ist es, Lebensmittel wie Olivenöl oder Honig zu verkaufen, die zum Beispiel durch Alkohol oder Blut verunreinigt wurden und nicht mehr von der Verunreinigung zu befreien sind. Nur wenn das verunreinigte Öl zum Gerben von Leder oder als Brennstoff für Öllampen – allerdings außerhalb von Gebetshäusern – verwendet wird, darf es verkauft werden.[200]

b) **Verkauf von menschlichen Organen**
Weil der Mensch bei Allah dem Erhabenen einen besonderen Rang, vor allen anderen Geschöpfen, einnimmt, dürfen keine Bestandteile des Menschen verkauft werden, egal ob es sich dabei um seine Haare, sein Blut, seine Niere oder andere Organe handelt. Nur wenn diese unentgeltlich gespendet werden, dürfen sie weitergegeben werden.

c) **Geschäfte mit jemandem, dessen Vermögen auf verbotene Weise zustande gekommen ist**
Wenn der Großteil der Einkünfte oder des Besitzes einer Person auf verbotene Art und Weise zustande gekommen

200 El-Fiqhul Islami, 4/446. Nach der schafi'itischen Rechtsschule darf das verunreinigte Öl unter keinen Umständen weiterverkauft werden.

ist, darf man mit ihr keine Geschäfte machen. Ist aber nur ein Teil davon auf verbotene Weise zustande gekommen, dann ist es erlaubt, mit dieser Person Geschäfte zu machen.

An- und Verkauf von Aktien

Der Kauf und Verkauf von Aktien von Firmen, die ihr Geld mit Waren oder Dienstleistungen verdienen, die nicht den islamischen Geboten widersprechen, ist erlaubt. Verdient aber eine Firma am Kauf oder Verkauf von Waren oder Dienstleistungen, die nicht den islamischen Geboten entsprechen, dann ist auch der Kauf und Verkauf der Aktien dieser Firma verboten.

Kaution

Wenn eine Kaution hinterlegt wird, um das Zustandekommen eines Geschäftes zu sichern oder ein bestehendes Geschäft abzusichern, so ist dies erlaubt, wenn nach Vollendung der Geschäftsbeziehungen die Kaution in voller Höhe wieder zurückerstattet wird. Wird bei Abschluss eines Geschäftes festgelegt, dass eine zu zahlende Kaution nach Abschluss der Geschäftsbeziehungen nur teilweise oder gar nicht zurückbezahlt wird, so ist dies nicht erlaubt.[201]

Lockgebote bei Auktionen und Preistreiberei beim Handel

Wenn jemand bei einer Auktion oder bei einem Handel den Preis künstlich in die Höhe treibt, ohne dass er die Ware kaufen möchte, dann nennt man dies Preistreiberei. Dies ist im Islam verboten, denn der Gesandte (s.a.w.s.) sagte:

201 Nach Gelehrten der hanbelitischen Rechtsschule ist es zulässig.

„Treibt die Preise nicht künstlich in die Höhe!“[202]

Geschäfte gegen aufgeschobene Zahlungen

Im Islam sind sowohl Geschäfte gegen Barzahlung als auch Geschäfte mit Zahlungsfrist erlaubt. Denn im Edlen Quran heißt es:

„O ihr, die ihr glaubt, wenn es bei euch um eine Schuld auf einen bestimmten Termin geht, so schreibt es auf!“[203]

In der Interpretation zu diesem Vers heißt es, dass sich dies nicht nur auf zeitlich befristete Geschäfte (Termingeschäfte) bezieht, sondern auch auf Vorauszahlungen, Ratenzahlungen und Darlehen.[204]

Und unsere Mutter Aischa (r.a.) sagte:

„Wahrlich, der Prophet (s.a.w.s.) kaufte von einem Juden Nahrungsmittel auf Kredit und gab ihm seine Rüstung als Pfand dafür.“[205]

Aufpreis für Laufzeitunterschiede bei befristeten Zahlungsgeschäften

Der Aufpreis für Laufzeitunterschiede bei befristeten Zahlungsgeschäften ist gestattet. Es gibt seit jeher den Brauch

202 Sunenu Tirmidhi: Buyu, 1304.
203 El-Baqarah, Vers 282.
204 Ehkamul Quran, 1/483.
205 Bukhari: Rehn, 2374.

unter Händlern, für Waren, deren Zahlung aufgeschoben wird, einen höheren Preis zu verlangen als bei Sofortzahlung.

Zwar ist die Frist nichts, was man kaufen oder verkaufen kann, und man kann allein für die Frist kein Preis verlangen. Aber man kann beim Verkaufen einer Ware implizit die Zahlungslaufzeit mit einkalkulieren; da der Händler den Preis für die Ware später erhält, kann er einen Aufpreis verlangen.

Beispiel: Jemand der seine Ware für 100 Euro verkaufen will, kann sie bei aufgeschobenen Zahlungen für 120 Euro verkaufen. Hier ist der Zahlungsunterschied von 20 Euro nicht direkt für die Zeit, in der der Händler auf sein Geld warten musste, veranschlagt. Das heißt: Es wurden nicht 100 Euro für die Ware und 20 Euro für die Frist gezahlt, in welcher der Verkäufer auf sein Geld warten musste; sondern der Händler schlägt den Preis auf die Ware, weil er damit rechnet, dass er das Geld verspätet erhält.

Gewinnspanne

Weder im Edlen Quran, noch in der *Sunneh*, noch in der Geschäftspraxis der Gefährten (r.a.) des Propheten (s.a.w.s.) wurden feste Gewinnspannen festgelegt. Die Preisgestaltung wurde ganz bewusst dem freien Spiel der Marktkräfte überlassen. Eine Gewinnspanne, bei der ein bestimmter Prozentsatz festgelegt wird, ist nicht zu jeder Zeit und an allen Orten gleich gerechtfertigt. Daher überlässt man dies am besten dem Zusammenspiel von Angebot und Nachfrage.

Rückverkäufe

Mit Rückverkäufen bezeichnet man Geschäfte, mit deren Hilfe sich jemand einen Kredit besorgen kann: Kann sich jemand nicht anderweitig einen Kredit besorgen, so kauft er eine Ware von einem Verkäufer und vereinbart mit diesem einen späteren Zahlungstermin. Dann verkauft er ihm diese Ware wieder zu einem geringeren Preis zurück. Auf diese Weise ist er in Besitz von Bargeld gelangt, muss aber später einen höheren Betrag an den Verkäufer und Ankäufer der Ware zurückbezahlen.

Nach Imam Hanifeh (r.a.) ist ein solches Verfahren *mekruh tahrimen* und ungültig, da diese Art von Geschäften den Zinsgeschäften ähnelt. Nach Imam Muhammed (rah.) ist es gültig, auch wenn es *mekruh tahrimen* ist, da die Voraussetzungen und Regeln des Vertrages erfüllt wurden. Nach Ebu Yusuf (rah.) sind Rückverkäufe zulässig, da sie finanziell Bedrängten eine Erleichterung verschaffen.[206]

Vorauszahlungen *(Aqdu Selem)*

Mit *Aqdu Selem* bezeichnet man Vorauszahlungen für Waren, die erst später ausgeliefert werden.[207] Dadurch fließt dem Verkäufer das notwendige Kapital zu, um eine Ware einkaufen oder produzieren zu können. Auch der Käufer hat einen Nutzen von diesem Geschäft, denn dadurch hat er Preissicherheit und hat sich vor eventuellen Preisschwankungen auf den Märkten abgesichert. Beispiel: Eine deutsche Großbäckerei kauft 50 Tonnen kanadischen Weizens von einem Großhändler. Sie bezahlt den börsennotierten Tagespreis und vereinbart eine

---

206 Fiqhul Islami, 4/467. In der schafi'itischen Rechtsschule sind Rückverkäufe zulässig, in der malikitischen und hanbelitischen nicht.

207 Medschelleh, 122.

Lieferfrist von 30 Tagen. Der Großhändler hat genügend Kapital zur Hand, um das Getreide in Kanada einkaufen zu können, und der Bäcker hat sich vor Preisschwankungen an den Rohstoffbörsen abgesichert.

Vorauszahlungsgeschäfte sind aber nur für Waren zulässig, die frei und in gleichbleibender Qualität auf den Märkten gehandelt werden.

Für die Gültigkeit des Geschäftes ist es erforderlich, dass Eigenschaften der Ware wie Sorte und Güteklasse sowie Lieferort und Lieferzeit vertraglich festgelegt werden.[208]

Bestellungen/Anfertigungen

Als Bestellung bezeichnet man eine Vereinbarung, bei der Handwerker beauftragt werden, einen bestimmten Gegenstand anzufertigen.[209] Beispiel: Man sagt zu einem Schreiner: „Fertige mir einen Schrank mit diesen und jenen Maßen aus Eichenholz an." Wenn der Schreiner den Auftrag akzeptiert, ist dadurch ein Vertrag zustande gekommen. Bei einer Bestellung muss weder etwas angezahlt, noch ein Abgabetermin vereinbart werden.

Nach Imam Hanifeh (r.a.) und Imam Muhammed (rah.) ist eine Bestellung gleichbedeutend mit einem Vertragsabschluss, bei dem man die Ware noch nicht besichtigt hat. Deshalb hat der Käufer das Recht, vom Vertrag zurückzutreten, wenn er die Ware besichtigt und nicht mit deren Beschaffenheit einverstanden ist.

Nach Ebu Yusuf (rah.) hat der Käufer hingegen nicht das Recht, vom Vertrag zurückzutreten, nachdem er die Ware besichtigt hat

---

208 Fiqhul Islami, 4/597; Reddul Muhtar, 5/209.
209 Medschelleh, 124.

und diese nach den vereinbarten Vorgaben angefertigt worden ist. Die *Fetwa* wird bevorzugt nach Ebu Yusuf (rah.) ausgesprochen.

An- und Verkauf von Wohnungen, die geplant, aber noch nicht gebaut wurden

Wenn es ausdrücklich vertraglich festgelegt wurde, dann ist der An- und Verkauf von Wohnungen, deren Bau zwar schon geplant, aber noch nicht ausgeführt worden ist, erlaubt.

Wurde der Kaufpreis bereits im Voraus entrichtet und ein fester Übergabetermin für die Wohnung vereinbart, dann fällt dieser Vertrag islamrechtlich unter die Kategorie *Selem*. Wenn keine Anzahlung erfolgte und auch kein fester Übergabetermin vereinbart wurde, dann handelt es sich islamrechtlich um eine Bestellung.

Das Horten von Waren, um deren Preis in die Höhe zu treiben *(Ihtikar)*

Mit *Ihtikar* bezeichnet man das Zurückhalten von Lebensmitteln, um eine künstliche Verknappung am Markt herbeizuführen und dadurch den Preis dieser Lebensmittel in die Höhe zu treiben. Ist dann der Preis gestiegen, so verkauft derjenige, der die Lebensmittel zurückgehalten hat, mit großem Gewinn. Dies ist *mekruh tahrimen*.

Der Prophet (s.a.w.s.) sagte dazu:

„Wer 40 Tage lang Lebensmittel vor meiner Gemeinschaft zurückhält und diese danach spendet, dessen Spende wird nicht angenommen werden.“[210]

Und in einer anderen Überlieferung heißt es:

„Niemand hortet, außer einem Sünder.“[211]

Entsteht der Gemeinschaft schon vorher Schaden durch das Horten der Waren, dann muss man der Händler die Waren so schnell als möglich auf dem Markt anbieten.

Nach Imam Hanifeh (r.a.) bezieht sich der Begriff *Ihtikar* ausschließlich auf Lebensmittel, nach Imam Muhammed (rah.) sowohl auf Lebensmittel als auch auf Kleidung, und nach Imam Ebu Yusuf (r.a.) auf alle Dinge, deren Zurückhalten der Bevölkerung Schaden bringt.[212]

Wenn jemand aber Produkte vom Markt fernhält, die er selbst angebaut hat, um sie zu einem günstigen Zeitpunkt zu verkaufen, gilt das nicht als *Ihtikar*. Denn die Öffentlichkeit hat keinen Anspruch darauf, dass der Bauer seine Waren zum günstigsten Preis anbietet. In Notsituationen gilt aber auch das Zurückhalten selbstangebauter Waren als *mekruh*.[213]

---

210 Tukhfetul Ehwedhi: Interpredation zur Hadith 1268 von Sunenu Tirmidhi: Buyu, S. 405.

211 Sunenu Tirmidhi: Buyu, 1267.

212 In der schafi'itischen Rechtsschule ist nur das Horten von Lebensmitteln verboten.

213 Hukuki Islamiyye Kamusu, 6/ 123.

Geld

Darlehen *(Qard)*

Mit *Qard* bezeichnet man Darlehen oder Leihgaben, die jemand allein aus dem Grund vergibt, die Zufriedenheit Allahs zu erlangen.

- **Voraussetzungen, die der Verleiher mitzubringen hat:**

1. Er muss bei klarem Verstand und rechtsfähig sein
2. Er muss der Besitzer der Leihgabe oder dazu berechtigt sein, das Gut zu verleihen

Kleine Kinder und geistig Behinderte dürfen also kein Geld und keine Gegenstände verleihen, und Erziehungsberechtigte von Kindern und geistig Behinderten dürfen deren Besitz nicht an andere verleihen.

a) Voraussetzungen, die für das zu verleihende Gut gelten

1. Die Leihgabe muss eine Ware sein, die auf dem Markt gehandelt wird

Es muss also ein vergleichbares Gut auf dem Markt erhältlich und somit der Wert des Gegenstandes klar bestimmbar sein. Deshalb dürfen Unikate nicht als Leihgabe vergeben werden. Denn Einzelstücke können weder ersetzt, noch ihr Wert richtig eingestuft werden, um diesen gegebenenfalls zurückzuerstatten.[214]

2. Die Leihgabe muss auch tatsächlich dem Ausleiher ausgehändigt werden

214 In der schafi'itischen Rechtsschule ist das Verleihen von Einzelstücken und Dingen, die nicht auf den Märkten gehandelt werden, erlaubt.

Die Fristeinhaltung bei der Rückgabe der Leihgabe ist beim *Qard* nicht rechtlich, sondern moralisch bindend.

Der Verleiher darf die Leihgabe nicht aus Eigennutz vergeben, weil er sich davon einen Vorteil verspricht, sondern seine Absicht muss die Zufriedenheit Allahs sein. Der Prophet (s.a.w.s.) sagt: „Jede Leihgabe, die (dem Verleiher) einen Vorteil verschafft, ist Zins.“[215]

Wenn aber eine Vorteilsnahme des Verleihers nicht vorausgesetzt wird und wenn eine Vorteilsnahme nicht zur Gewohnheit wird, so gibt es daran nichts auszusetzen.[216]

Der Geldwechsel *(Sarf)*

Sarf bedeutet wörtlich „Geldwechsel, Tausch, Tauschgeschäft“. Im islamischen Recht bedeutet *Sarf* den Umtausch von Gold, Silber oder Bargeld in sich selbst oder in eine der beiden anderen Wertaufbewahrungsmöglichkeiten oder in eine fremde Währung. Beispiel: Gold kann in Gold, in Silber, in Euro oder in Fremdwährungen umgetauscht werden.

Damit ein Umtausch islamrechtlich korrekt verläuft, müssen folgende Voraussetzungen erfüllt sein:

1. Beide Werte/Währungen müssen unmittelbar am Vertragsort ausgetauscht werden
2. Wenn Gleiches mit Gleichem getauscht wird (z.B. Gold gegen Gold), so muss die Menge der getauschten Güter exakt die Gleiche sein

---

215 Beyhaqi: Sunenul Kubra, 10933.

216 Hukuki Islamiyye Kamusu, 6/ 95; Reddul Muhtar, 4/343.

3. Es darf kein Rückgaberecht bei Vertragsschluss vorausgesetzt werden[217]

Zinsen *(Riba')*

Zins ist ein Überschuss, der beim Austausch von Waren erzielt wird, ohne dass dafür eine Gegenleistung erbracht wird.[218]

Alle Arten von Zins sind *haram*. Diesbezüglich heißt es im Edlen Quran:

„Allah hat den Handel erlaubt, aber das Zinsnehmen verboten.“[219]

Abdullah Bin Mes'ud (r.a.) berichtete:

„Der Gesandte Allahs (s.a.w.s.) verfluchte denjenigen, der Zinsen nimmt und denjenigen, der Zinsen zahlt und denjenigen, der dies bezeugt und denjenigen, der dies niederschreibt.“[220]

Die Zinsarten

Zinsen werden in zwei Gruppen unterteilt: Zinsen, die für die Aufnahme von Schulden bezahlt werden (Darlehenszins) und Zinsen, die beim Kauf von Handelswaren bezahlt werden (Handelszins).

217 Detaillierte Inhalte hierzu finden Sie in meinem Buch „Alisveris ve Faiz“.
218 Fiqhul Islami, 4/668.
219 El-Baqarah, Vers 275.
220 Sunen Ebu Dawud: Buyu, 3333.

Darlehenszins

Als Darlehenszins bezeichnet man den vertraglich vereinbarten Überschuss, den der Darlehensnehmer bei Rückzahlung des Darlehens an den Darlehensgeber, zusätzlich zu der ausgeliehenen Summe, entrichten muss. In der vorislamischen Zeit war es unter den Arabern üblich, Geld zu verleihen, wenn dafür Zinsen bezahlt wurden. Wurde dabei die Laufzeit des Kredits verlängert, so erhöhte man den Zinssatz, der auf den Kredit aufgeschlagen wurde, und so erhöhte sich dann auch der Betrag, der zurückbezahlt werden musste. Dabei überstieg die Summe der Zinszahlungen manchmal den Betrag des Darlehens um ein Mehrfaches, und die Schuldner waren nicht in der Lage, ihre Schulden zurückzubezahlen und gingen bankrott. Dies ist der historische Hintergrund, warum Allah der Erhabene im Edlen Quran alle Arten von Zins verboten hat.

- **Handelszins**

Der Handelszins wird nochmals in zwei Untergruppen unterteilt: Überschusszins und Aufschlag für ein Zahlungsziel, also für eine spätere Bezahlung einer Ware:

a) **Überschusszins (*Ribal Fadl*)**
Dies ist der Austausch zweier Sachen gleicher Gattung, wobei ein Zuwachs bei einer dieser beiden Sachen, aber keine Verzögerung der Inbesitznahme stattfindet. Güter gleicher Gattung dürfen nur getauscht werden, wenn beide Güter das gleiche Gewicht oder Hohlmaß haben. Beispiel: Es werden 100 Gramm Goldschmuck gegen Goldmünzen im Gewicht von 110 Gramm getauscht (hier ist die *Illeh*[221]

221 *Illeh* bedeutet „Ursache, Anlass, Begründung". *Illeh* ist eine Ursache für das Zustandekommen eines islamischen Rechtsurteils (*Hukm*). Mit der *Illeh* wird ein *Hukm* begründet. Ist die *Illeh* vorhanden, so kommt es zu einem Urteil; ist die *Illeh* nicht vorhanden, so kommt es zu keinem

die gleiche Gattung: Gold gegen Gold). Es fand also ein Überschuss von 10 Gramm Gold statt, dies ist der verbotene Zinsgewinn. Ebenso entsteht ein Überschusszins, wenn man zwei Sachen gleicher Gattung aber unterschiedlicher Qualität gegeneinander tauscht (z.B. Futterweizen gegen Brotweizen, oder verschiedenen Qualitäten von Baumwollstoffen), deshalb ist dies ebenfalls nicht erlaubt.

b) Verzugszins und Zins im Austausch für die Gewährung einer Zahlungsfrist *(Riba Nesi'eh))*

Bei *Riba Nesi'eh* bezahlt der Schuldner mehr zurück als er sich zuvor ausgeliehen hat, entweder weil er sich nicht an die Zahlungsfrist gehalten hat oder weil der Zins als Austausch für den gewährten Zahlungsaufschub bereits vertraglich festgelegt wurde. In beiden Fällen ist dies *haram*.

Zu *Riba Nesi'eh* zählt ebenfalls, wenn man zwei Sachen gleicher Art und/oder gleichen Gewichts (oder gleichen Hohlmaßes) gegeneinander tauscht und dabei die Übergabe *(Teqabud)* der beiden Tauschgegenstände nicht gleichzeitig erfolgt, sondern einer der beiden Tauschgegenstände erst später ausgehändigt wird. Beispiel: Tauscht man ein Kilo Gerste gegen ein Kilo Weizen, so muss der Austausch unmittelbar erfolgen (hier ist die *Illeh*[222] das Gewicht: Tausch von einem Kilo gegen ein Kilo), weil sich sonst während des Zeitraums bis zur Übergabe des anderen Gutes der

---

Urteil. Beispiel: Das Zinsverbot bei Kaufgeschäften gründet darauf, dass zwei Dinge gleicher Art nicht mit Überschuss gegeneinander ausgetauscht werden dürfen. Die gleiche Art und das gleiche Gewicht bzw. das gleiche Hohlmaß ist also die *Illeh*. So darf Gold gegen Gold nicht mit Überschuss getauscht werden wegen des Vorhandensein der *Illeh* Gold. Gold oder Silber dürfen aber mit Gewinn gegeneinander ausgetauscht werden, weil hier die *Illeh*, die ein Verbot begründet nicht vorhanden ist.

222 Vgl. Fußnote 227.

Marktpreis eines oder beider Güter geändert haben könnte und dadurch ein Überschuss *(Riba')* entstehen könnte[223].

Dinge, die von Zinsen betroffen sind

Dinge, die von Zinsen betroffen sind und in der Hadith namentlich erwähnt werden, sind: Gold, Silber, Weizen, Gerste, Datteln und Salz.

Ubadeh Bin es-Samit (r.a.) überliefert, dass *Riba'* auf die sechs folgenden Dinge ausdrücklich verboten ist:

„Gold gegen Gold, Silber gegen Silber, Weizen gegen Weizen, Gerste gegen Gerste, Datteln gegen Datteln und Salz gegen Salz, gleiche Art gegen gleiche Art, gleiches Maß gegen gleiches Maß, von Hand zu Hand224. Wenn sich diese Güter (untereinander) vertauschen, dann tauscht, wie ihr wollt, solange dies von Hand zu Hand geschieht." [225]

Nach mehreren prophetischen Überlieferungen gilt der Überschuss, der beim Austausch der – in der oben aufgeführten Hadith – genannten Dinge erzielt wird, als Zins, selbst wenn diese unterschiedlicher Qualität sind.

---

223 Beispiel: Bei Abschluss eines solchen Geschäfts beträgt der Preis für ein Kilo Weizen und ein Kilo Gerste jeweils einen Euro. Es wird vereinbart, den Weizen sofort, die Gerste aber erst in einem Monat in Besitz zu nehmen. Einen Monat später kostet aber die Gerste nur noch 90 Cent pro Kilogramm. So wurde also ein Überschuss von 10 Cent erzielt, was einem Zins von 10 Prozent entspricht.

224 Von Hand zu Hand bedeutet, dass beide Güter noch am Vertragsort ausgetauscht werden müssen.

225 Muslim: Musaqat, 1587.

Viele andere Güter wurden per Analogieschluss *(Qiyas)* von den *Mudschtehids*[226] *in das Zinsverbot für diese sechs Güter mit einbezogen*. Entscheidend dabei ist die *Illeh*[227], die bei dem Vergleich herangezogen wird.[228]

Begründung *(Illeh)* für die Bewertung des Zinses als *haram*

Die Begründung *(Illeh)* dafür, dass Zins bei Gold und Silber, Weizen, Gerste, Datteln und Salz verboten ist, liegt in der Gleichheit der Art *und* der gemeinsamen Maßeinheit. So darf also Gleiches gegen Gleiches nur in gleichen Maßeinheiten (Gewicht oder Volumen[229]) ausgetauscht werden. Ein Fass Weizen darf also nur gegen ein Fass Weizen ausgetauscht werden, egal ob der eine Weizen von höherer Qualität ist als der andere oder nicht. Die Bewertung *(Illeh)* des *Riba Nesi'eh* als verboten ergibt sich entweder aus der Gleichheit der Art *oder* der Gleichheit von Maßeinheiten (also Gewicht oder Volumen).[230]

---

226 Ein *Mudschtehid* ist ein religiöser Gelehrter, der über das notwendige Fachwissen verfügt, um – unter anderem – religiöse Rechtsurteile qualifiziert zu interpretieren, zu fällen oder auf ähnliche Fälle zu übertragen.

227 Also beispielsweise gleiche Art gegen gleiche Art oder gleiches Gewicht gegen gleiches Gewicht. Vgl. auch: FN 223.

228 Bei den Dhahiris, die einen Vergleich ablehnen, und Gelehrten wie Tawus, Mesruk, Sche´bi und Ibn Aqil, die bei dieser Angelegenheit keinen Vergleich anwenden, entsteht nur bei den sechs Dingen, die im Hadith aufgezählt sind, ein Zins.

229 Damit ist das Volumen gemeint, in dem eine Sache gemessen wird, beispielsweise Liter oder Kubikmeter.

230 Hindiyye, 3/117. Nach der schafi'itischen Rechtsschule ist die *Illleh* bei Gold und Silber deren Eigenschaft als Zahlungsmittel, bei Weizen, Gerste, Datteln und Salz deren Eigenschaft als Lebensmittel. Bei gegenseitigem Austausch von artgleichen Dingen die nicht vom Zins betroffen sind, entsteht kein *Nesi'eh*-Zins.

Zinserträge für Gold, die unterhalb der Inflationsrate liegen

Es ist nicht erlaubt, sein Geld für Zinserträge zu verleihen - selbst wenn diese unter der Inflationsrate liegen - oder in Gesellschaften, wie Banken oder Versicherungen, bei denen feste Zinssätze gezahlt werden, zu investieren. Nach Ebu Yusuf (rah.) ist es zulässig, einen Wertausgleich in Höhe der Inflationsrate für verliehenes oder investiertes Geld anzunehmen. Da diese beiden Ansätze aber grundlegend verschieden sind, darf man diese nicht miteinander vergleichen und meinen, dass Zinsen auf irgendeine Weise doch erlaubt seien.[231]

Goldankauf und -verkauf bei späterer Bezahlung

Der Goldankauf und -verkauf auf Kredit ist nicht gestattet. Denn nach den Regeln für Wechselgeschäfte (*Sarf*; siehe weiter oben in diesem Buch) müssen bei Wechselgeschäften beide Güter von Hand zu Hand, also ohne zeitliche Verzögerung, ausgetauscht werden, sonst entsteht dabei *Riba Nesi'eh*.

Um aber trotzdem Gold auf Kredit ankaufen zu können, gibt es die beiden folgenden Möglichkeiten, dies auch ohne verdeckten Zins zu tun:

Variante 1: Man leiht sich vom Goldhändler einen Betrag, der dem Wert des Goldes entspricht, das man zu kaufen beabsichtigt,

231 Da es unter keinen Umständen erlaubt ist, feste Zinssätze zu vereinbaren, darf man dies auch nicht, wenn der vereinbarte Zinssatz aller Voraussicht nach unter der Inflationsrate des Jahres, in der die Investition getätigt wird, liegt. Außerdem weiß man ja nie genau im Voraus, wie hoch die Inflationsrate eines gewissen Jahres sein wird. Es könnte sich also am Ende des Jahres herausstellen, dass der vereinbarte Zinssatz über der Inflationsrate des Jahres liegt.

kauft dann damit das Gold und bezahlt später seine Schulden bei dem Händler zurück.

Variante 2: Man leiht sich das Gold aus und begleicht später die Schulden mit derselben Menge Gold, die man sich ausgeliehen hat oder mit deren Gegenwert in Geld.

Alle oben genannten Bestimmungen für Gold gelten ebenso auch für Silber.[232]

Anleihen und öffentliche Schatzwechsel

Anleihen und öffentliche Schatzwechsel fallen ebenfalls unter das Zinsverbot. Nur wenn jemand vom Staat als Gegenleistung für eine Forderung Anleihen oder Schatzwechsel erhält, ohne dass er dieser Zahlungsart zugestimmt hat, ist dies erlaubt.

Säumnisgebühren

Säumnisgebühren, die man bei öffentlichen Stellen für den Verzug einer Forderung bezahlen muss, fallen nicht unter die Kategorie Zinsen. Trotzdem muss man auch seine Schulden bei staatlichen Stellen rechtzeitig bezahlen, wenn es nicht einen triftigen Grund für die Verzögerung der Bezahlung der Schuld gibt.

---

232 Auch wenn teilweise gesagt wird, dass Gold und Silber heutzutage zu Gebrauchsgegenständen geworden sind und damit deren Verkauf auf Kredit erlaubt sei, schließen wir uns dieser Meinung nicht an. Denn in der oben genannten Hadith über Gold und Silber wird nicht zwischen Münzgold und –silber und ungemünztem Gold und Silber unterschieden.

Verwendung von Zinserträgen für die Bezahlung einer Steuerschuld

Zinserträge sind verbotene Erträge. Daher müssen diese an Bedürftige gespendet werden und dürfen nicht für private Zwecke verwendet werden. Darunter fällt auch die Bezahlung einer Steuerschuld mit verbotenen Zinserträgen. Auch Zinserträge, die sich nicht vermeiden lassen, weil man sie beispielsweise für Guthaben auf dem Girokonto erhält, müssen gespendet werden und dürfen nicht für den eigenen Vorteil genutzt werden.

Einkaufen mit einer Kreditkarte

Wenn der Kauf von Dingen per Kreditkarte nicht mit Zinsen verbunden ist, dann ist dagegen islamrechtlich nichts einzuwenden. Nur bei Dingen, deren Kauf mit der Voraussetzung einer direkten Übergabe des Kaufpreises am Vertragsort verbunden ist – wie der Kauf von Gold oder Silber – ist dies mit Kreditkarte nicht gestattet.

Zinserträge in einem nichtmuslimischen Land

Nach Imam Hanifeh (r.a.) und Ebu Yusuf (rah.) ist es Muslimen in einem nichtmuslimischen Land erlaubt, mit Nichtmuslimen Zinsgeschäfte abzuwickeln, sofern sie dadurch einen Nutzen haben. Nach Imam Muhammed (rah.) ist dies hingegen nicht gestattet.[233]

233 In der schafi'itischen Rechtsschule ist dies uneingeschränkt verboten

Fragen und Antworten zu verschiedenen Themen

Fragen zum Schächten

FRAGE 1: Darf man das Fleisch von Tieren, die von Christen oder Juden *(Ehlul Kitab)* geschlachtet wurden, verzehren?

ANTWORT: Ja, denn im Edlen Quran heißt es dazu:

„Heute sind euch die guten Dinge erlaubt. Auch die Speise derer, denen die Schrift gegeben wurde, ist euch erlaubt, so wie eure Speisen ihnen erlaubt sind.“[234]

Dabei ist aber zu beachten, dass der Verzehr des Fleisches von Tieren, die von Juden oder Christen geschlachtet wurden, nur dann erlaubt ist, wenn diese nach den islamischen Vorschriften geschlachtet wurden.

FRAGE 3: Ist es erlaubt, das Fleisch von Tieren zu essen, die von Atheisten geschlachtet wurden?

ANTWORT: Nein, nur das Fleisch von Tieren, die von Muslimen, Christen oder Juden geschlachtet wurden, darf verzehrt werden.

FRAGE 7: Darf man mit einem elektrischen Gerät Tiere schlachten?

ANTWORT: Ja, dies ist erlaubt. Generell muss für jedes Tier eine *Besmeleh* ausgesprochen werden. Wenn aber mit einem elektrischen Gerät mehrere Tiere bei einem einzigen Einschalten

234 El-Ma'ideh, Vers 5.

des Geräts geschlachtet werden sollen, reicht es aus, wenn bei jedem Einschalten des Geräts einmal die *Besmeleh* aufgesagt wird.

Fragen zu Fisch und Meeresfrüchten

FRAGE 8: Darf man Aale und Haie essen?

ANTWORT: Beide Tierarten zählen zu den Fischen, also darf man sie essen.

FRAGE 9: Ist es erlaubt, Fische zu essen, die von selbst verstorben sind?

ANTWORT: Nein, dies ist nicht erlaubt.[235]

FRAGE 10: Darf man Fische essen, die ohne das vorherige Aussprechen der *Besmeleh* gefischt worden sind?

ANTWORT: Ja. Das vorherige Aussprechen der *Besmeleh* wird nur für die Jagd und für die Schlachtung von Landtieren vorausgesetzt.

---

235 Medschme'ul Enhur, 2/514. Ausgenommen davon sind verstorbene Fische, die mit dem Rücken nach oben auf der Wasseroberfläche treiben. Diese dürfen verzehrt werden. (Reddul Muhtar, 9/511-512). Nach den schafi'itischen Gelehrten ist der Verzehr von selbst verstorbenen Fischen uneingeschränkt erlaubt.

FRAGE 11: Ist es erlaubt, Fische zu verzehren, die in schmutzigen Gewässern gefangen wurden?

ANTWORT: Ja. Die Wasserqualität der Fischgründe hat keinen Einfluss darauf, ob es erlaubt ist, einen gefangenen Fisch zu verzehren oder nicht.

FRAGE 12: Darf man Fische essen, die im Bauch eines anderen Fisches vorgefunden werden?

ANTWORT: Wenn diese unversehrt sind, dann darf man sie essen.

FRAGE 13: Gehört der Wal zu den Fischarten?

ANTWORT: Islamrechtlich gesehen zählt der Wal zu den Fischen und darf also verzehrt werden.

FRAGE 14: Ist der Verzehr von Fischen erlaubt, die von Atheisten gefangen wurden?

ANTWORT: Ja, denn bei Fischen spielt es keine Rolle, ob der Fischer Muslim, Atheist oder Angehöriger einer nichtislamischen Religionsgemeinschaft ist.

FRAGE 15: Darf man Meeresfrüchte wie Muscheln, Austern oder Hummer essen?

ANTWORT: Nein, der Verzehr von Meeresfrüchten ist *haram*.[236]

---

236 In der schafi'itischen, malikitischen und hanbelitischen Rechtsschule ist der Verzehr von Meeresfrüchten erlaubt.

Fragen zu Gold und Silber

FRAGE 16: Darf ein Mann Abzeichen aus Gold oder Silber tragen?

ANTWORT: Nein, das darf er nicht.

FRAGE 17: Sollte man einem Jungen erlauben, Goldschmuck zu tragen?

ANTWORT: Nein, denn erstens ist das Schmücken mit Gold nach der prophetischen Überlieferung allen Männern verboten, und dazu zählen auch männliche Kinder, und zweitens dürfen Jungen keinen Goldschmuck tragen, weil dies dem Verhalten der Frauen ähnelt und somit auch deshalb verboten ist.[237]

FRAGE18: Gibt es Einwände dagegen, dass eine Frau einen silbernen Gürtel trägt?

ANTWORT: Nein, gibt es nicht.

FRAGE 20: Gibt es Einwände dagegen, an Gegenständen Verzierungen aus Gold oder Silber anzubringen?

ANTWORT: Nein, gibt es nicht.

FRAGE 21: Darf man Goldzähne aus dem Mund eines Verstorbenen entnehmen?

ANTWORT: Festsitzende Goldzähne dürfen nicht entnommen werden, lose sitzende hingegen schon.

---

237 El-Ikhtiyar, 4/159.

FRAGE 22: Ist das Füllen der Zähne oder das Einsetzen von Zahnkronen aus Gold erlaubt?

ANTWORT: Nach Imam Hanifeh (r.a.) ist dies nicht gestattet, nach Imam Ebu Yusuf (rah.) und Imam Muhammed (rah.) hingegen schon.[238]

Fragen zum Gebrauch von Seide

FRAGE 24: Dürfen Frauen seidene Kopftücher tragen?

ANTWORT: Das Tragen seidener Kleidungsstücken ist Frauen uneingeschränkt erlaubt. Dazu zählt auch das Tragen von seidenen Kopftüchern.

FRAGE 25: Dürfen kleine Jungen seidene Kleidungsstücke tragen?

ANTWORT: Nein, dies ist nicht erlaubt.[239]

FRAGE 26: Darf man Kissen oder Bettdecken mit seidener Bettwäsche beziehen?

ANTWORT: Nach Imam Hanifeh (r.a.) ist dies erlaubt. Nach Iman Ebu Yusuf (rah.) und Imam Muhammed (rah.) aber nicht.[240]

---

238 In der schafi'itischen Rechtsschule ist dies uneingeschränkt erlaubt.

239 Tebyin, 6/16.

240 In der schafi'itischen Rechtsschule ist dies ebenfalls nicht erlaubt.

FRAGE 27: Dürfen Männer seidene Krawatten oder Kopfbedeckungen tragen oder seidene Taschentücher bei sich tragen?

ANTWORT: Nein, dies ist nicht erlaubt.

Fragen zum Umgang mit Nichtmuslimen

FRAGE 28: Darf man der Einladung eines Nichtmuslims Folge leisten oder selbst Nichtmuslime zu sich nach Hause einladen?

ANTWORT: Ja, dagegen gibt es keine Einwände.

FRAGE 29: Macht es islamrechtlich einen Unterschied, ob man eine muslimische oder eine nichtmuslimische Frau ansieht?

ANTWORT: Nein, in beiden Fällen ist nur der Anblick von Gesicht und Händen erlaubt, und auch nur dann, wenn man dabei keine Wollust empfindet.[241]

FRAGE 30: Darf man einen Krankenbesuch bei Nichtmuslimen machen?

ANTWORT: Ja.[242] Wenn man kranke nichtmuslimische Nachbarn hat, dann ist dies – im Interesse eines guten Nachbarschaftsverhältnisses – sogar unabdingbar.

---

241 Reddul Muhtar, 6/369.
242 Hindiye, 5/348.

FRAGE 31: Darf man mit Nichtmuslimen Geschäfte machen?

ANTWORT: Ja. Nur wenn es sich um Handelswaren handelt, die islamrechtlich verboten sind, wie zum Beispiel Wein oder Schweinefleisch, dann ist dies nicht erlaubt.

FRAGE 32: Darf man Nichtmuslimen des anderen Geschlechts die Hand schütteln?

ANTWORT: Nein. Genauso wie es verboten ist, Muslimen des anderen Geschlechts die Hand zu schütteln, ist dies auch bei Nichtmuslimen verboten.

FRAGE 34: Darf ein Nichtmuslim die *Mesdschidul Haram* besuchen?

ANTWORT: Nach Imam Hanifeh (r.a.) und Imam Ebu Yusuf (rah.) ist dies erlaubt.

Nach Imam Muhammed (rah.) ist dies allerdings nicht zulässig.[243] Nach der Ansicht der anderen drei sunnitischen Rechtsschulen ist dies ebenfalls nicht erlaubt.

FRAGE 35: Darf ein Muslim von einem Nichtmuslim Blut- oder Organspenden annehmen oder ein Muslim einem Nichtmuslim Blut oder Organe spenden?

ANTWORT: Ja, in beiden Fällen ist dies erlaubt.

243 El-Fiqhul Islami, 1/384.

Fragen zum richtigen Verhalten beim Essen

FRAGE 38: Darf man sich von den Speisen eines Freundes bedienen, ohne ihn vorher um Erlaubnis zu fragen?

ANTWORT: Ja, dies ist erlaubt.[244]

FRAGE 39: Darf man im Zustand großer ritueller Unreinheit *(dschenabeh)* essen?

ANTWORT: Wenn man in diesem Zustand isst, ohne sich zuvor die Hände gewaschen und den Mund ausgespült zu haben, dann ist dies *mekruh tenzihen.*

FRAGE 40: Darf man Gemüse oder Obst essen, das mit schmutzigem Wasser gegossen wurde?

ANTWORT: Ja.[245]

FRAGE 41: Wie wird das Essen mit der linken Hand islamrechtlich eingestuft?

ANTWORT: Sofern es keine triftigen Gründe gibt, dies zu tun, dann ist das Essen mit der linken Hand *mekruh tenzihen.* Es spricht aber nichts dagegen, die linke Hand beim Essen zur Unterstützung der rechten Hand einzusetzen.

---

244 En-Nur, Vers 61.
245 Reddul Muhtar, 3/217.

FRAGE 42: Jemand befindet sich in einer Notlage und isst etwas, das ihm nicht gehört. Muss er den Gegenwert des verbrauchten Lebensmittels später zurückerstatten?

ANTWORT: Ja, dazu ist er verpflichtet.[246]

FRAGE 43: Sollte jemand, der Angst hat, den Hungertod zu sterben, eher das Fleisch eines verendeten oder gegen die islamischen Vorschriften geschlachteten Tieres essen oder sich am Eigentum eines anderen bedienen?

ANTWORT: Es ist besser, eher das Fleisch eines verendeten Tieres zu essen, da es islamrechtlich erwiesenermaßen erlaubt ist, dies im Notfall zu tun.[247]

FRAGE 45: Darf man das Fleisch eines Huhns verzehren, das nach der Schlachtung in heißes Wasser eingetaucht wurde, um es besser rupfen zu können, ohne dass es zuvor ausgenommen wurde?

ANTWORT: Wenn das Huhn so lange in heißem Wasser verblieben ist, bis der Kot, der sich in seinen Gedärmen befindet, auf sein Fleisch übergegangen ist, dann darf es nicht mehr verzehrt werden, andernfalls schon.

FRAGE 46: Wie wird das Essen während des Gehens islamrechtlich eingestuft?

ANTWORT: Dies ist *mekruh tenzihen.*

---

246 Ebd., 3/45. Laut der schafi'itischen Rechtsschule muss er dies nicht.

247 Nach Imam Malik sollte man hingegen den Besitz eines Anderen vorziehen.

Fragen zum Schambereich des Menschen *(Awreh)*

FRAGE 47: Gehören Nabel und Knie zum Schambereich des Mannes?

ANTWORT: Der Nabel gehört nicht zum Schambereich des Mannes, seine Knie schon.[248]

FRAGE 48: Ab welchem Bereich muss eine Frau ihren Hals verhüllen?

ANTWORT: Der komplette Hals einer Frau muss in der Öffentlichkeit bedeckt sein, außer demjenigen Bereich, der bei der rituellen Gebetswaschung mit Wasser in Berührung kommen muss (also der Bereich zwischen dem Kinn und dem Halsansatz).

FRAGE 49: Zählen die Füße einer Frau auch zu ihrem Schambereich?

ANTWORT: Die meisten Gelehrten vertreten die Ansicht, dass die Füße einer Frau während des Gebets nicht zu ihrem Schambereich gehören, außerhalb des Gebets hingegen schon.[249]

FRAGE 50: Muss eine Frau, die alleine zu Hause ist, ihren Kopf und ihre Arme bedecken?

ANTWORT: Nein, es gilt aber als tugendhaftes Verhalten, wenn sie es dennoch tut.

---

248 In der schafi'itischen Rechtsschule gehören weder Nabel noch Knie des Mannes zu seinem Schambereich.

249 El-Ikhtiyar, 1/46. In der schafi'itischen Rechtsschule gehören die Füße der Frau uneingeschränkt zu ihrem Schambereich.

FRAGE 52: Welche Körperteile einer nahen Verwandten *(Mahram)* darf ein Mann betrachten?

ANTWORT: Er darf ihren gesamten Körper, außer ihren Bauch, ihren Rücken, ihre Flanken und den Bereich zwischen ihrem Nabel und ihren Knien betrachten.[250]

FRAGE 53: Darf eine Frau den nackten Körper ihres verstorbenen Gatten ansehen?

ANTWORT: Ja, das darf sie. Andersherum darf aber der Mann den nackten Körper seiner verstorbenen Frau nicht ansehen, denn nach ihrem Tod gilt sie für ihn islamrechtlich als Fremde.[251]

FRAGE 54: Darf man die abgeschnittenen Haare einer fremden Frau anblicken?

ANTWORT: Nein. So wie der Anblick der Haare einer fremden Frau einem fremden Mann verboten ist, solange sie angewachsen sind, genauso ist es auch verboten, deren Haare anzusehen, wenn sie abgeschnitten wurden oder ausgefallen sind.[252]

---

250 Binaye, 9/24; Tebyin, 6/16. Laut der schafi'itischen Rechtsschule darf er ihren gesamten Körper, außer den Bereich zwischen ihrem Bauchnabel und ihren Knien, betrachten.

251 Laut der schafi'itischen Rechtsschule darf der Ehemann den kompletten nackten Körper seiner verstorbenen Ehefrau anblicken.

252 Hediyetul Ala'iyeh, S. 245.

Fragen zur Regelblutung

FRAGE 55: Darf sich eine Frau in der Zeit ihrer Regelblutungen ihre Zähne füllen oder Zahnkronen einsetzen lassen?

ANTWORT: Nur wenn dies aus gesundheitlichen Gründen erforderlich ist, ist es erlaubt. Dann wird das Füllen der Zähne oder das Einsetzen einer Zahnkrone islamrechtlich mit dem Anbringen eines Verbandes gleichgesetzt. Hat man aber keine Schmerzen und kann auch ohne einen zahnärztlichen Eingriff Nahrung zerkauen, solange die Periode anhält, dann muss man warten, bis die Blutungen abgeklungen sind.

FRAGE 56: Darf man das Fleisch eines Tieres essen, das eine Frau während ihrer Regelblutung geschlachtet hat?

ANTWORT: Ja, dies ist erlaubt.

FRAGE 57: Ist es erlaubt, dass sich eine menstruierende Frau die Haare färbt?

ANTWORT: Ja. Man sollte aber allgemein darauf achten, nur Farben zu verwenden, die die Haare nicht versiegeln, denn sonst sind die rituellen Waschungen der Frau nicht gültig.

FRAGE 58: Spricht etwas dagegen, dass sich eine menstruierende Frau ihre Haare oder Nägel schneidet?

ANTWORT: Nein, es spricht nichts dagegen. Aber es ist *mekruh tenzihen*, wenn sich eine Frau ihre Haare oder Nägel schneidet, nachdem ihre Regelblutung zu Ende gegangen ist und noch bevor sie die rituelle Ganzkörperwaschung vollzogen hat.

FRAGE 59: Darf sich eine Frau in der Zeit ihrer Menstruation vermählen?

ANTWORT: Ja. Sie darf aber erst dann Geschlechtsverkehr haben, wenn ihre Regelblutungen beendet sind.

FRAGE 60: Darf eine Frau während ihrer Regelblutung Bittgebete sprechen oder Allahs Namen erwähnen *(Dhikr)*?

ANTWORT: Ja, dies ist erlaubt.

FRAGE 61: Welche Quranverse darf eine Frau, die ihre Regelblutung hat, rezitieren?

ANTWORT: Sie darf alle Quranverse, die als Bittgebete gelten, als Bittgebete aufsagen, wenn sie die entsprechende Absicht dazu fasst. Quranverse, die nicht die Bedeutung eines Bittgebets haben, darf sie hingegen auch dann nicht als Bittgebete aufsagen, wenn sie dafür die Absicht eines Bittgebets fasst.

FRAGE 62: Darf eine menstruierende Frau einer Quranrezitation zuhören und dem Text des Edlen Quran dabei mit den Augen folgen, ohne diesen dabei zu berühren oder den Text mitzusprechen?

ANTWORT: Ja, dies ist erlaubt.

FRAGE 63: Darf eine menstruierende Frau die Suren El-Fatihah und El-Ikhlas aufsagen?

ANTWORT: Ja, wenn sie dies mit der Absicht eines Bittgebetes oder des Lobpreises tut.[253]

---

253 El-Fiqhul Islami, 1/384.

FRAGE 64: Wie kann eine Quranlehrerin während ihrer Regelblutung den Edlen Quran lehren?

ANTWORT: Sie lehrt den Edlen Quran Wort für Wort, wobei sie deutliche Pausen zwischen den einzelnen Wörtern macht.[254]

FRAGE 65: Darf eine menstruierende Frau einen Friedhof aufsuchen?

ANTWORT: Ja, dies ist erlaubt.

Fragen zur Eheschließung

FRAGE 66: Darf man eine Christin heiraten, die zuvor eine Muslimin war?

ANTWORT: Nein, dies ist nicht erlaubt, denn islamrechtlich gilt diese Frau als Abtrünnige.[255]

FRAGE 67: Darf ein Mann die Mutter einer Frau heiraten, von der er sich zuvor geschieden hat, ohne mit ihr Geschlechtsverkehr gehabt zu haben?

ANTWORT: Nein, das darf er nicht. Aber andersherum darf er die Tochter einer Frau heiraten, wenn er sich zuvor von ihrer Mutter geschieden hat, ohne dass er mit ihr geschlechtlich verkehrt hatte.[256]

---

254 Hindiyye, 1/38.
255 Bahrul Raik, 8/191.
256 Ebd., 5/340.

FRAGE 69: Wie wird die Heirat mit einer jüdischen oder christlichen Frau islamrechtlich eingestuft?

ANTWORT: Eine solche Heirat ist *mekruh tenzihen.*[257]

FRAGE 70: Darf ein Mann eine atheistische Frau mit der Absicht heiraten, ihr den Islam näher zu bringen?

ANTWORT: Nein, auch aus so ehrenwerten Motiven heraus ist es nicht erlaubt, eine atheistische Frau zu heiraten. Nur wenn eine Frau zum Zeitpunkt der Ehe entweder Muslimin, Christin oder Jüdin ist, ist eine Eheschließung gültig.

FRAGE 71: Muss eine Frau, die geheiratet hat und wieder geschieden wurde, bevor es zum Geschlechtsverkehr mit ihrem Mann kam, die Scheidungsfrist abwarten, bevor sie erneut heiraten darf?

ANTWORT: Nein, in diesem Fall muss sie die Wartefrist nicht abwarten. Wenn aber ihr Ehemann verstorben ist, bevor es zum Geschlechtsverkehr kam, so muss sie die Wartefrist für Witwen[258] einhalten, bevor sie erneut heiraten darf.

---

257 Allgemein ist dazu zu sagen, dass die Heirat mit einer Jüdin oder Christin nur dann als gut angesehen wird, wenn man keine muslimische Frau findet.

258 Die Wartefrist für Witwen beträgt vier Monate und zehn Tage. Die Wartefrist nach einer Scheidung beträgt die Dauer von drei kompletten Menstruationszyklen.

FRAGE 72: Ist die Heirat einer muslimischen Frau mit einem nichtmuslimischen Mann erlaubt?

ANTWORT: Nein, eine muslimische Frau darf keinen nichtmuslimischen Mann heiraten egal welcher Religionsgemeinschaft dieser angehört oder ob er Atheist ist.[259]

Sonstige Fragen

FRAGE 73: Was darf man nach den Bestimmungen des Edlen Quran nicht trinken?

ANTWORT: Alkohol und Blut.

FRAGE 74: Das Fleisch welcher Tiere darf laut den Bestimmungen des Edlen Quran nicht verzehrt werden?

ANTWORT: Nur das der Schweine.

FRAGE 75: Der Verzehr welchen Fleisches ist laut den Bestimmungen des Edlen Quran verboten?

ANTWORT: Verboten sind Schweinefleisch, das Fleisch von Tieren die von selbst verendet sind und das Fleisch von Tieren, die im Namen einer anderen „Gottheit" als Allah dem Erhabenen geschlachtet wurden.[260]

---

259 El-Mumtehineh, 10.

260 Vgl. El-Baqarah, Vers 173.

FRAGE 76: Das Fleisch welcher Tiere wurde durch prophetische Überlieferungen verboten?

ANTWORT: Das Fleisch von Raubtieren, Raubvögeln und domestizierten Eseln.

FRAGE 77: Wie werden diejenigen Verbote gerechtfertigt, die nicht auf direkten Beweisen aus dem Edlen Quran und der *Sunneh* basieren?

ANTWORT: Diese Verbote wurden von den *Mudschtehids* durch Analogieschluss (*Qiyas* = Vergleich) zu Verboten, die im Edlen Quran und den prophetischen Überlieferungen ausgesprochen wurden, hergeleitet.

FRAGE 78: Hat denn der Prophet (s.a.w.s.) überhaupt die Berechtigung, etwas als *halal* oder *haram* zu bezeichnen?

ANTWORT: Ja; dazu heißt es im Edlen Quran:

„Er (der Prophet) gebietet ihnen das Rechte und verbietet ihnen das Unrechte, und er erlaubt ihnen die guten Dinge und verbietet ihnen die schlechten.“[261]

Beim Erteilen von Erlaubnissen und Verboten hielt sich der Gesandte (s.a.w.s.) natürlich strikt an die Anweisungen Allahs des Erhabenen. Denn er tat nichts aus eigenem Antrieb.

FRAGE 79: Hat ein *Mudschtehid* auch die Berechtigung, etwas als *halal* oder *haram* zu erklären?

ANTWORT: Nein, hat er nicht. Denn ein *Mudschtehid* zieht nur Analogien*(Qiyas)* zu schon vorhandenen Urteilen und

261 El-E´raf, Vers 157.

interpretiert diese; so kommt er dann zu dem Ergebnis, ob etwas *halal* oder *haram* ist.

FRAGE 80: Fällt man vom Glauben ab, wenn man etwas als *haram* bezeichnet, das *halal* ist, oder etwas als *halal* bezeichnet, das *haram* ist?

ANTWORT: Ja, wenn man etwas als *haram* bezeichnet, das eindeutig *halal* ist oder etwas als *halal*, das eindeutig *haram* ist, dann fällt man vom Glauben ab.

FRAGE 81: Ist es erlaubt, Tiere zum Zeitvertreib zu töten?

ANTWORT: Nein, selbst wenn es sich um ein Jagdtier handelt, ist dies nicht erlaubt.

FRAGE 82: Gilt das Abtreibungsverbot für ehelich und unehelich gezeugte Kinder gleichermaßen?

ANTWORT: Ja, es spielt keine Rolle, ob das Kind auf erlaubtem oder unerlaubtem Wege gezeugt wurde.

FRAGE 83: Ist es erlaubt, alkoholhaltige Medizin einzunehmen?

ANTWORT: Dies ist nur erlaubt, wenn es keine gleichwertige Alternative dazu gibt und ein muslimischer Arzt die Erlaubnis dazu erteilt.

FRAGE 84: Zählen Gewinnspiele wie Lotto auch als Glücksspiel?

ANTWORT: Ja, Gewinnspiele wie Lotto oder Pferdewetten gelten ebenfalls als Glücksspiele.

FRAGE 85: Muss man verbotene Lebensmittel zu sich nehmen, wenn man Gefahr läuft, ohne diese zu verhungern?

ANTWORT: Ja, denn es ist Sünde, wenn man verhungert, obwohl man hätte überleben können, wenn man verbotene Lebensmittel zu sich genommen hätte.[262]

262 Hindiyye, 5/338.

LISTE DER FREMDWÖRTER

A

Awreh:
Schambereich. Dies sind diejenigen Körperteile, die im Gebet verdeckt werden müssen, damit das Gebet gültig ist und diejenigen Körperteile, die man vor einem *Nicht-Mehram* verbergen muss.

Ayeh:
Der Quranvers. Wörtlich: Das Zeichen, das Anzeichen, das Merkmal, das Wunder.

Ayetu Sudschud:
Ein Quranvers, der eine Rezitationsniederwerfung (*Sudschudu Tilaweh*) erforderlich macht.

Azl:
Wörtlich: Die Trennung. Die Abtrennung. Koitus interruptus. Die Unterbrechung des Geschlechtsverkehrs, bevor es beim Mann zum Samenerguss kommt. Das Ejakulieren außerhalb des weiblichen Geschlechtsorgans oder das Ejakulieren in ein Kondom.

B

Besmeleh:
Dies ist die Formel „Bismillahirrahanirrahim“ (= „Mit dem Namen Allahs, des Allerbarmers, des Barmherzigen“).

Bid'ah:
Neuerung, religiöse Neuerung. Im Islam gibt es gute Neuerungen (*Bid'atul haseneh*) und schlechte, verwerfliche Neuerungen (*Bid'atu seyyi'eh*).

D

Dhikr:
Gottgedenken. Das Nennen der Namen Allahs oder anderer Gedenkformeln wie das Aussprechen von Segenswünschen auf den Gesandten Allahs (s.a.w.s.) (*Salewat*).

Dschahiliyeh:
Die Zeit der Unwissenheit. Die Zeit vor der Offenbarung des Islam. Die vorislamische Zeit. Oder: Die Zeitspanne zwischen dem Aufstieg von Isa - Allahs Segen sei auf ihm - und dem Beginn der Gesandtschaft Muhammeds - Allahs Segen und Friede sei auf ihm.

Dschenabeh/Dschunub:
Zustand der großen rituellen Unreinheit, der die Ausführung eines *Ghusl* erforderlich macht.

E

Ehlul Kitab:
Die Angehörigen des Buches = Juden und Christen.

Fard:
Absolute Verpflichtung. Eine religiös verpflichtende Handlung, deren Verpflichtung durch unumstößliche Beweise aus dem Edlen Quran oder der *Sunneh* belegt ist bzw. abgeleitet wurde.

Fetwa:
Das Rechtsurteil.

G

Ghusl:
Die große rituelle Waschung. Die (rituelle) Ganzkörperwaschung. Die (rituelle) Vollkörperwaschung.

H

Hadith: plural: A Hadith:
Prophetischer Ausspruch, prophetische Überlieferung, prophetische Tradition.

Halal:
Erlaubtes. Zulässiges. Gesetzmäßig. Legitim". **Der Begriff** *halal* **bezeichnet all das, was nach islamischem Recht erlaubt ist.**

Haram:
Absolut verbotene Handlung, deren Verbot eindeutig aus dem Edlen Quran oder einer authentischen Überlieferung des Propheten Muhammed (s.a.w.s.) hervorgeht oder abgeleitet wurde (wie beispielsweise *Schirk* (Vielgötterei) und der Verzehr von Schweinefleisch).

Hurmetul Musaharah:
Dies ist das Eheverbot, das sich durch eine Verwandtschaft durch Eheschließung oder durch unehelichen Geschlechtsverkehr ergibt.

I

Iddeh:
Die Wartezeit, die Wartefrist. Dies ist die Zeit, die eine Frau abwarten muss, bis eine vorläufige Scheidung (*Talaqu redsch'i*) rechtsgültig ist oder bis sie einen anderen Mann heiraten darf, nachdem ihr Mann eine endgültige Scheidung (*Talaqul ba'in*) ausgesprochen hat. Die Dauer der *Iddeh* richtet sich nach dem Status der Frau: ist sie eine Frau, die Monatsblutungen hat, so muss sie drei Monatsblutungen abwarten, bis ihre Wartezeit abgelaufen ist. Findet die Scheidung während ihrer Periode statt, so beginnt sie erst ab ihrer nächsten Menstruation zu zählen. Ist sie eine Frau, die keine Monatsblutungen hat, so muss sie drei volle Monate – ab dem Tag der Scheidung – abwarten. Ist sie schwanger, so dauert ihre *Iddeh* so lange an, bis sie ihr Kind zur Welt gebracht hat. Ist ihr Ehemann verstorben, so muss sie pauschal vier Monate und zehn Tage abwarten, bis ihre Wartezeit abgelaufen ist.

Ihtikar:
Die Monopolisierung. Das Horten. Islam. Recht: Das Zurückhalten von Gütern, um dadurch den Preis für diese Güter in die Höhe zu treiben.

Illeh:
Die Ursache, der Anlass, die Begründung. Islam. Recht: Die *Illeh* dient als Grundlage für die Erstellung von Rechtsurteilen. Ist die *Illeh* vorhanden, so kommt es zu einem Urteil; ist die *Illeh* nicht vorhanden, so kommt es zu keinem Urteil. Beispiel: Das Zinsverbot bei Kaufgeschäften gründet darauf, dass zwei Dinge gleicher Art nicht mit Überschuss gegeneinander ausgetauscht werden dürfen. Die gleiche Art ist also die *Illeh*. So darf Gold gegen Gold nicht mit Überschuss getauscht werden wegen des Vorhandensein der *Illeh* Gold. Gold oder Silber dürfen aber mit

Gewinn gegeneinander ausgetauscht werden, weil hier die *Illeh*, die ein Verbot begründet, nicht vorhanden ist.

Istimna':
Die Selbstbefriedigung. Die Masturbation.

Kebirah:
Die große Sünde.

Khalweh:
Das Alleinsein. Die Zurückgezogenheit. Islam. Recht: Das Alleinsein von Mann und Frau in einem abgeschlossenen Bereich.

M

Mahram:
Mit *Mahram* bezeichnet man die nahen Verwandten einer Person, die diese auf ewig nicht heiraten darf.

Mahram-Männer:
Als „nahe männliche Verwandte" (*Mahram*) einer Frau zählen alle männlichen Familienmitglieder, die diese nicht heiraten darf. Vertikale Blutlinie: Vater, Großväter, Söhne und (Ur-) Enkel; horizontale Blutlinie: Brüder, Halbbrüder, Söhne der Geschwister, (Ur-)Enkel der Geschwister, Onkel und Großonkel mütterlicher- und väterlicherseits. Dasselbe gilt für die männliche Milchverwandtschaft. Dazu zählen auch die männlichen Verwandten durch Verschwägerung, wie Vater, Großväter, Enkel und Urenkel des Mannes.

Mekruh:
Verwerfliche Handlung: Dies sind Taten, die entweder nahe am Verbot angesiedelt sind (*mekruh tahrimen*) oder deren Weglass besser ist, als deren Ausführung (*mekruh tenzihen*).

Mekruh tahrimen:
Sehr verwerfliche Handlung. *Mekruh Tahrimen-Handlungen* sind so verwerflich, dass sie an der Grenze zum Verbot angesiedelt sind. Hierzu zählen beispielsweise der Weglass von *Wadschib-Handlungen* und das Verrichten des Nachmittagsgebets zur Zeit des Sonnenuntergangs.

Mekruh tenzihen:
Nichtempfohlene Handlung. Die Ausführung von *Mekruh Tenzihen-Handlungen* wird zwar nicht empfohlen wird, aber ihr Verwerflichkeitsgrad ist so gering, dass sie an der Grenze zum Erlaubten angesiedelt sind. Hierzu zählen beispielsweise der Weglass einer *Sunneh*- oder *Mustehabb-Handlung*.

Mendub (= Mustehabb):
Schöne Handlung. Eine Handlung, deren Ausführung von Allah (cc) belohnt wird, deren Weglass aber von Allah (cc) nicht bestraft wird (wie beispielsweise das freiwillige Fasten oder das Geben von Almosen).

Mesdschid:
Die Moschee. Die Gebetsstätte.

Mubah:
Erlaubte Handlungen. Diese Handlungen werden vom Erhabenen Allah weder gelobt noch getadelt.

Mudschtehid:
Rechtsgelehrter, der eine selbständiges Rechtsurteil aufgrund der Rechtsquellen trifft. Ein Mudschtehid macht Idschtihad. Dies bedeutet, dass er sich darum bemüht, aus den Rechtsquellen (Edler Quran und Sunneh) ein neues, eigenständiges Rechtsurteil zu verfassen.

Musaharah:
Als *Musaharah* bezeichnet man die Verwandtschaft, die durch die Eheschließung entsteht.

Mustehabb (= Mendub):
Schöne Handlung. Eine Handlung, deren Ausführung von Allah (cc) belohnt wird, deren Weglass aber von Allah (cc) nicht bestraft wird (wie beispielsweise das freiwillige Fasten oder das Geben von Almosen).

N

Nafileh:
Freiwillige gottesdienstliche Handlungen (wie beispielsweise das freiwillige Fasten oder die Verrichtung des *Salatu Duha*).

Nedschis:
Unrein. Unsauber. Schmutzig. Islam. Recht: rituell unrein.

Nedschisul ayn:
Unrein an sich. Dies sind Substanzen, die durch und durch unrein sind, wie beispielsweise Urin, Kot oder Blut. Auch das Schwein ist nedschisul ayn, d. h. dass alle Teile des Schweins unrein sind.

Qard:
Das Darlehen.

Riba:
Der Zins. Das Überschussgeschäft.

Ribal Fadl:
Der Überschusszins. Dies ist der Austausch zweier Sachen gleicher Gattung, wobei ein Zuwachs bei einer dieser beiden Sachen, aber keine Verzögerung der Inbesitznahme stattfindet.

Riba Nesi'eh:
Der Verzugszins. Riba'u Nesi'eh entsteht bei Kaufgeschäften mit Zahlungsmitteln, bei denen eine sofortige Übergabe der Zahlungsgüter stattfinden muss. Bezahlt man erst später, dann ist dieser Verzögerung der Riba'u Nesi'eh, auch wenn nicht mehr bezahlt wird, wie bei einer sofortigen Übergabe.

R

Medhheb:
Die Rechtsschule. Die Methode. In der Ehlu Sunneh wel Dschema'ah gibt es vier Rechtsschulen: die hanefitische, die schafi'itische, die malikitische und die hanbelitische. Diese vier Rechtsschulen stehen gleichwertig nebeneinander.

S

Sadaqah:
Das Almosen. Die Spende. Islam. Recht: Der Begriff Sadaqah wird hier sowohl für ein Almosen als auch für die Armensteuer (Zekah) verwendet.

Sahabi (Pl. Sahabeh/Eshab):
Die Gefährten des Gesandten - Allahs Segen und Friede sei auf ihm. Dies sind diejenigen Zeitgenossen des Gesandten - Allahs Segen und Friede sei auf ihm, die diesen zu ihren Lebzeiten

getroffen haben, den Islam angenommen haben und als Muslime verstorben sind.

Sarf:
Das *Geldwechseln. Der Tausch. Das Tauschgeschäft*". Dies ist der Umtausch von Gold, Silber oder Bargeld in sich selbst oder in eine der beiden anderen Wertaufbewahrungsmöglichkeiten oder in eine fremde Währung. Beispiel: Gold kann in Gold, in Silber, in Euro oder in Fremdwährungen umgetauscht werden.

Selem:
Der Terminkauf. Islam. Recht: Ein Kauf mit Vorauszahlung. Hier wird der Kaufpreis bei Abschluss des Vertrages entrichtet, die Ware wird aber erst zu einem späteren Termin geliefert, der beim Abschluss des Vertrages festgelegt wurde.

Sunneh:
Prophetische Tradition. Dies sind gewisse Bräuche des Propheten (s.a.w.s.), die auf seinen Aussagen, Handlungen oder seiner stillschweigenden Duldung basieren und deren Befolgung nicht als *Fard* oder *Wadschib* eingestuft wird.

Talaq:
Die Scheidung, die Ehescheidung.

Talaqul ba'in:
Die rechtsgütig gewordene Scheidung.

Talaqul bid'ah:
Die sittenwidrige Scheidung. Dies ist die Scheidung während der Monats- oder der Wochenbettblutung der Frau.

Talaqu redsch'i:
Die vorläufige Scheidung. Die Scheidung mit Rücknahmerecht, solange die *Iddeh* noch nicht abgelaufen ist.

Talaqu sunni:
Die traditionelle Scheidung. Dies ist eine Scheidung, die während der blutungsfreien Zeit (*Tuhr*) der Frau ausgesprochen wird.

Tawaf:
Die Umrundung der Kaaba.

Tawafu Ziyareh:
Die Besuchsumrundung der Kaaba. Diese ist einer der Pfeiler der Hadsch und wird nach dem Stehen bei Arafat und der Steinigung bei Mina ausgeführt.

Teqabud:
Die gegenseitige Besitzergreifung. Islam. Recht: Alle Vertragspartner übergeben am Vertragsort alle Waren und alle Zahlungsmittel, die mit einem Geschäft zusammenhängen, an die entsprechenden Vertragspartner.

Teyemmum:
Die Erdwaschung, die Ersatzwaschung. Die Ersatzwaschung mit Erde, die ausgeführt werden darf, wenn kein Wasser für die Gebetswaschung vorhanden ist oder ein Entschuldigungsgrund für die Ausführung der Ersatzwaschung vorliegt.

Ta´zir:
Die Ermessenstrafe. Die Ermessensentscheidung". D..h. dass der Richter das Strafmaß für eine begangene Tat selbst festlegen kann, weil es kein vorgeschriebenes Strafmaß im Edlen Quran oder der *Sunneh* gibt. Dabei muss das Strafmaß unter den vom

Erhabenen Allah im Edlen Quran festgelegten Körperstrafen liegen.

Sedschdetul Tilaweh:
Die Rezitationsniederwerfung, die erforderlich wird, nachdem eine *Ayetu Sudschud* rezitiert wurde.

Ummeh:
Die Gemeinschaft. Die Gemeinde.

W

Wadschib:
Verpflichtende Handlung. Die Notwendigkeit. Das Erfordernis. Eine religiöse Pflicht, deren Verpflichtungsgrad zwischen der *Fard* und der *Sunneh* liegt.

Wudu':
Die kleine rituelle Gebetswaschung, bei der sich der Gläubige von der kleinen rituellen Verunreinigung (*Hadeth*) reinigt, um diejenigen gottesdienstlichen Handlungen ausführen zu können, für die das Vorhandensein der rituellen Reinheit vorausgesetzt ist.

Zina':
Die Unzucht. Der außereheliche Geschlechtsverkehr. Der Ehebruch.